Bauwelt Fundamente 13

Herausgegeben von Ulrich Conrads
unter Mitarbeit von
Gerd Albers, Adolf Arndt,
Lucius Burckhardt, Werner Hebebrand,
Werner Kallmorgen, Hermann Mattern,
Julius Posener, Hans Scharoun,
Hansjörg Schneider

Hermann Mattern

Gras

darf nicht mehr wachsen

12 Kapitel über
den Verbrauch der Landschaft

Ullstein Berlin Frankfurt/M Wien

VERLAG ULLSTEIN GMBH · BERLIN · FRANKFURT/M · WIEN
Umschlagentwurf von Helmut Lortz
© 1964 by Verlag Ullstein GmbH, Frankfurt/M—Berlin
Alle Rechte, auch das der photomechanischen Wiedergabe, vorbehalten
Printed in Germany, Berlin West 1964 · Gesamtherstellung Druckhaus Tempelhof

Inhalt

Einleitung	7
Die Natur	10
Der Zaun	17
Die Axt	27
Das Boot	41
Die Speiche	54
Die Hufe	66
Die Sense	78
Der Pflug	96
Die Beute	108
Der Brunnen	125
Der Schornstein	138
Die Hand	154
Literatur	170
Erklärung der Fachausdrücke	175
Register	179

Die Betrachtungen über
»unsere Lebensbedingungen im Jahre 1964«,
entstanden bei Gesprächen, aus Notizen und durch Vergleiche
in Zusammenarbeit mit meiner Frau, *Beate zur Nedden*.
Ihr sei hiermit besonders gedankt.

Einleitung

Die Papierfabriken verschlingen jährlich große Wälder. Der Verbrauch am Rohmaterial »Holz« ist größer als der natürliche Zuwachs. 2000 Millionen Kubikmeter im Jahr werden im Weltdurchschnitt verbraucht – 1200 Millionen Kubikmeter wachsen bestenfalls nach.
Damit eine Tonne Papier hergestellt werden kann, werden 3000 Kubikmeter Wasser gebraucht. Zur Erzeugung von Koks, von Stahl, von Zellwolle oder Kunstseide ist weit weniger Wasser notwendig.
Durch den Verbrauch der Wälder treten Veränderungen im Wasserhaushalt auf. Veränderungen im Wasserhaushalt sind eine Ursache für den Verbrauch von Boden.
Boden wird durch Abschwemmen, durch Aushagerung und durch Minderung seiner Fruchtbarkeit verbraucht.
Die Natur aber benötigt 150 Jahre, um soviel wie 1 Zentimeter Humus zu schaffen.
Wasser und Boden sind die Grundlagen der Vegetation, die unsere Erde bedeckt und die auf ihr lebenden Tiere und Menschen erhält.
Was also treibt uns, vom Wasser, vom Boden, vom Pflanzenwuchs auch noch zu verbrauchen, um auf *Papier* den Verbrauch von Landschaft darzulegen?
Niemand wird uns weismachen wollen, daß nicht auch diese Publikation zum Verbrauch zählt, weil von dem, was auf Papier gedruckt ist, schließlich doch nur weniges von einigen gelesen wird.

Wasser, Boden und Wald sind Anteile der Landschaft, deren Abbau uns Sorgen macht, weil ihr Aufbau seit langem nicht mehr mit dem Tempo des Verbrauchs Schritt zu halten vermag.
Verbrauch bedeutet, daß von der Substanz mehr genommen wird, als in irgendeiner Form zurückgegeben werden kann.
Die Gründe dafür, daß weniger zurückgegeben wird in den Kreislauf des Lebendigen, als zur Erhaltung wenigstens des Status quo notwendig wäre, sind bei den mannigfachen Ansätzen der Kultur zu suchen.

Kultur ist Arbeit am Boden – ist das Tätigwerden des Menschen in dieser Welt schlechthin.
Nach der Art der Tätigkeit des Menschen sind die 12 kurzen Kapitel dieses Buches geordnet. Jedes von ihnen zeigt das ganze Problem, um das es hier geht und das jeden angeht. Damit ist es dem Leser leicht gemacht: indem er eines der Kapitel konsumiert, informiert er sich über das ganze Thema. Jeder mag sich die Geschichte aussuchen, die ihn am meisten anspricht. Wer mehrere Kapitel gelesen hat, wird finden, daß die Verflechtungen der Gebiete oft interessanter sind als die einschichtigen Abwicklungen.

Der Bestand des Wassers der Flüsse und Seen und des Grundwassers hängt von der Speicherkraft der Wälder ab.
Die Erhaltung der Fruchtbarkeit des Bodens steht in Beziehung zum Stand des Grundwassers.
Die Menge der Niederschläge und der Anfall des Taus haben Zusammenhang mit dem Vorhandensein von ausreichend Wald und mit der Verdunstung aus den Wasserflächen, also auch mit der Temperatur.
Die Temperatur der Luft hat etwas mit dem Wind zu tun.
Gehölze brechen austrocknende und abkühlende Winde.
Die Eigentemperatur des Wassers ist aber auch von seiner Bewegung und seiner Tiefe bestimmt – und von der Art der Bewegung und der Temperatur wiederum ist die dem Wasser selbst innewohnende Reinigungskraft abhängig sowie das Leben der im Wasser beheimateten Tiere, die an der Reinhaltung der Gewässer wesentlich mit beteiligt sind.
Von der Reinheit des Wassers wird die Ansiedlungsdichte bestimmt. Die Trinkwasserversorgung ist augenblicklich die Grenze, die der Uferlosigkeit der Ansiedlungsbestrebungen gesetzt ist. Die Beseitigung der Abwässer und der Abfälle aus den Gebieten hoher Wohn- und Arbeitskapazität ist ebenfalls ein wasserbelastendes Problem.
Verschmutztes Wasser, dem zu schnellerem Abfluß verholfen werden muß, vertieft sein Bett und reißt Grundwasser mit sich.
Gesenkter Grundwasserstand verändert die Struktur des Bodens und vermindert den Bewuchs.
Eine ungenügende Pflanzendecke verdunstet zuwenig, die Niederschläge werden unergiebig. Aus dem Oberflächenwasser kommt der Trinkwasserversorgung keine Hilfe.
Die Pflanzendecke reguliert auch die Humusbildung, von der die Fruchtbarkeit der Erde abhängt.

Alle Glieder dieser Kette sind ineinander verhakt – und von ungefähr sind wir nicht in den Zustand permanenten Verbrauchs geraten. Mit dem gleichen Multiplikator, der die menschliche Vermehrung berechnet, nämlich 1 Prozent je Jahr – das ist mit Zins und Zinseszins Verdoppelung in 70 Jahren –, ist auch der tatsächliche Verbrauch an Wasser und Boden, an Pflanzen und Getier zu errechnen. Dies ist ebensowenig »katastrophal«, wie es der Seelenzuwachs ist. Katastrophen sind Unvorhergesehenes, Unerwartetes, dem mit menschlichen Kräften oder Maßnahmen nicht begegnet werden kann. Einem Zustand aber, dem wir seit einem Jahrhundert mit offenen Augen und Sinnen entgegensteuern, kommt keine katastrophale Bedeutung zu.

Daß wir mit offenen Augen und Sinnen steuern könnten, beweisen die zu dieser Arbeit herangezogenen, im Anhang aufgeführten Titel. Diese Abhandlung ist beileibe nicht die erste ihrer Art. Bei der Durchsicht des Schrifttums und der darin enthaltenen Abbildungen und bei der Ordnung aller über Jahre selbst gemachten Notizen mußte jedoch festgestellt werden, daß sowohl die positiven als auch die negativen Daten nur eine verhältnismäßig kurzfristige Gültigkeit haben. Der Rhythmus des Lebens ist schnell, und Weg und Umweg und Ausweg werden leicht zum Labyrinth, in dem selbst der bewährteste Faden sich verheddert.

So bleibt dahingestellt, wieweit die immer im Wandel befindlichen vegetativen Vorgänge, die mit Wasser, Luft, Tier und Mensch eine Gemeinschaft, mit dem außerirdischen Sonnenlicht dazu die Lebensgemeinschaft schlechthin bilden, wissenschaftlich, also statisch-stabil, statistisch-exakt erfaßt und behandelt werden können, ohne daß die Ergebnisse allzuschnell veralten – was sie dann mit Vereinbarungen, Gesetzen und Manifesten aller Art gemein hätten.

Die Beweisführung mit negativen Bildbeispielen führt zu einer ebenso fragwürdigen Wahrheit. Die morbiden Struktationen haben – mit dem subjektiven Objektiv gesehen – Reize, die unserer durchweg urban-ästhetisch geschulten Sicht interessanter erscheinen wollen als das harmonische Bild landschaftlicher Ausgewogenheit.

So sind im letzten die hier gemachten Mitteilungen vom Bild unabhängig. Die Bilder möchten aber zu Selbst- und Direktbeobachtung anregen.

Die ineinandergreifenden Vorgänge und übereinandergeschichteten Belange und die auseinanderstrebenden Zielsetzungen, alle gleichzeitig und kurzfristig auf dem Boden der Tatsachen oder auf dem Rücken der Landschaft ausgetragen, sind unbildsam – ungebildet.

Die Landschaft selbst entbindet uns weitgehend von Lehre und Tradition. Sie treibt uns jetzt, uns vorbildlos, das heißt schöpferisch-planend, ihrem weiteren Verbrauch entgegenzustemmen.

Die Natur

Das Land, wie wir es heute kennen, ist das Ergebnis unendlich vielen komplexen Tätigseins von Generationen, die sich die Erde untertan machen wollten, ja, sie beherrschen mußten, um zu bestehen. Der Mensch versuchte sich einzurichten, sich eine gute Wohnung auf der Erde zu bereiten. Mit Fleiß, Erfahrungen, Erfindungen und Erkenntnissen kam er gut voran, wie wir heute an unserer Umgebung bemerken.
Doch wohin der Mensch seinen Fuß setzt, verändert er etwas – wissend oder unwissend. Mit dem Pfad, mit dem Zaun, mit der domestizierten Pflanze, mit dem Haustier begann der Umbau des Natürlichen, des Ursprünglichen.
Der Mensch schuf sich seine Welt, die überschaubar, faßbar und meßbar sein sollte. Er beschaffte sein Land mit Spaten und Pflug, mit Kufe und Speiche, mit Wall und Graben, mit Forst und First, mit Feuer und Schloten, mit Methode und Mechanik, mit Maschine und Berechnung – und er entwickelt immer noch Landschaft.
Für uns Bewohner der gemäßigten Zonen rund um den Erdball ist seit Menschengedenken Landschaft identisch mit Arbeitslandschaft, mit Kulturlandschaft, mit bebauter Landschaft. Landschaft ist also geformte, geschaffene, profilierte Erdoberfläche, wobei das Schaffen im Sinne des Schöpferischen verstanden werden will. Doch ist auch Landschaft, wo allein der »göttliche Schöpfungsgedanke« oder die Bildekräfte der Natur bisher gewaltet haben. Wir nennen sie Urlandschaften und denken an Prärien, an Gebirgsmassive, an Urwälder und Wüstenstriche, an Meere und breite, unerschließbare Urstromtäler. Noch widerstehen sie als landschaftliche Urformen unbefleckt dem Menschen und seinen Bedürfnissen, dem Zugriff der Zivilisation.
Doch wir ahnen, daß es keiner Straßen mehr und keines persönlich gefährdenden Einsatzes bedarf, um heute Land zu nehmen und seinen Umbau zu beginnen, ohne es zu berühren. Es genügt ja, ein »Pulver« aus der Luft zu streuen; und wenn es »das richtige Pulver« ist, wird das Urland in Kürze gestört – und damit dem Verbrauch durch den Menschen preisgegeben sein.
Das alte nordische Wort »landscapo« heißt Landbeschaffenheit. Es meint auch

Der Mensch schuf sich seine Welt, die überschaubar, faßbar und meßbar sein sollte.

Landessitte, woraus hervorgeht, daß die Landschaft immer etwas mit dem Verhalten des Menschen in seiner Umgebung – mit seinem folgerichtigen schöpferischen Verhalten zu tun hatte. Solange wir die Folgerichtigkeit in unserer Landschaft erkennen, solange die Abmessungen der Gebrauchsflächen, die stets mit den Werkzeugen, die zur Bearbeitung angewendet werden, in Relation stehen, uns menschlich erscheinen, empfinden wir Landschaft als *natürlich*.
Solange der menschliche Arm durch Handwerkzeuge verlängert, solange der menschliche Bewegungsradius durch das Tier, genau: durch das Reittier bestimmt war, solange die Nahrung vom Verbraucher im großen und ganzen selbst erzeugt wurde, solange jede Familie in einem Hause beisammen wohnte, blieb der Mensch dem Kreislauf der Natur verbunden. Aber natürlich – das heißt vom Menschen unangetastet – war der buntkarierte Felder-Wälder-Wiesen-Wirtschaftsteppich ebensowenig, wie es die mit Maschinen großflächig und tiefschürfend durchwühlten Industrie-Agrar-Wirtschaftslandschaften heute sind.
Und doch ist diese Entwicklung im Hinblick auf die zunehmende Weltentwicklung folgerichtig. Sie ist naturgemäß – und sie ist auch schöpferisch.
Wir stehen aber im Begriff, selbst das, was wir gegenüber der reinen Flurlandschaft heute noch als Landschaft zu bezeichnen bereit sind, also ein von Straßen und Wasserwegen engmaschig durchzogenes, stark besiedeltes, größtenteils industrialisiertes, durch und durch rationell genutztes Gelände, zugunsten von Ballungsräumen unvorstellbarer Ausdehnung und mit hoher Wohndichte zu verlieren. Es ist notwendig, daß wir uns dieser Tatsache bewußt werden. Wir sind im Begriff, ganz Mitteleuropa zu einem Wohn-Arbeits-Verkehrs-Konglomerat planlos zu verbauen.
Es liegt in der »Natur der Sache«, daß wir uns einer Gefahr eher bewußt werden, als daß wir ein Selbstverständliches in seinem Wert erkennen.
In der Krise aber entwickelt der Mensch die höchste Erkenntnisfähigkeit und Leistungsbereitschaft – und an einem kritischen Punkt der Entwicklung unserer Erde, als einer »immer noch guten Wohnung« und einer brauchbaren »Wohnlandschaft«, sind wir angelangt.
Wir begreifen ohne das geringste Ressentiment, daß, obwohl der Grundsatz allen Lebens Wachstum und Vermehrung ist – über das lediglich Erhalten der Art hinaus –, sich das Dasein auf Abbau, Zerfall und Tod aufbaut.
Wissen wir aber auch, daß »natürlicherweise« sich diese Polarität im organischen, im biologischen Gleichgewicht befindet, sozusagen in einer aktiven Ausgeglichenheit aller Teile?
Und sind wir uns auch bewußt, daß, wenn auch nur ein Teil mißachtet, vernachlässigt, verbraucht wird, das ganze System gestört ist? Die Teile lassen sich nicht als eine aus Beliebigem addierte Summe behandeln. Jeder Teil der Natur ist das Ganze.

Mit der Sprache der Technik ausgedrückt, die nahezu allgemeinverständlich ist, hat also selbst das Natürliche seinen Elastizitätskoeffizienten – und an der biologischen Elastizitätsgrenze, am landschaftlichen Schwellenwert, sind wir jetzt angelangt. Wir überbeanspruchen nicht nur einen Teil des Ganzen, sondern deren mehrere. Die Bruchstelle wird zuerst immer bei der permanenten Leistungsfähigkeit des Bodens bemerkbar werden.

Da der Mensch durch seine Ernährung an den Boden gebunden bleibt, ist jeder, zumindest als Konsument, an der Erhaltung der Gesundheit des Bodens interessiert, nicht nur in seinem Vaterland, sondern in der ganzen Welt.

Die biologisch richtige Behandlung aller Böden (nicht nur der Äcker), die sich stets auf lange Sicht auch als die wirtschaftlich günstigste erweist, ist noch immer die Mitte des Kulturlebens.

Ein Kulturvolk ist an seinen gepflegten Ländereien zu erkennen. Die menschliche Tätigkeit war jahrtausendelang: Urbarmachen, Roden, Umbau des Lebendigen. Heute drückt sich mit steigendem Wohlstand und erhöhter Produktivität die Tätigkeit des Menschen in seiner Umgebung zwar »anders« aus, ist aber doch vielfach immer noch verheerend, raubend, unbeholfen.

Wir befinden uns, von der Landwirtschaft bis hin zur Bauwirtschaft, in einem Sterilisierungsprozeß ohnegleichen. Wir machen unsere Umgebung unfruchtbar und keimfrei zugleich.

Dieses Janusgesicht der Hygiene schreit nach Verständnis, nach einer übergeordneten Synthese. Mit synthetischen Mitteln aus der Apotheke und aus der Retorte werden wir weder der Geburtenziffern Herr, noch werden wir den Böden ihre ursprüngliche Frische, ihre natürliche Fruchtbarkeit je zurückgeben können.

Doch auch Umwege führen zum Ziel – oder richtiger: immer auf dem Wege leben wir...

Durch die exakten Analysen der Naturstoffe und durch das möglichst genaue Nachahmen der Entstehungsvorgänge erwächst uns der Maßstab und die Achtung vor der Leistung der Natur. Eine Pyramide von Menschenarbeit ist nötig, um ein natürliches Produkt, z. B. Honig oder Gummi oder Leder oder Seide oder gar Kristalle oder Edelsteine, nachzuahmen. Insofern ist das Herstellen von Surrogaten erzieherisch und bildend.

In der Naturwissenschaft werden Kräfte gemessen, indem unbekannte Größen bekannten gegenübergestellt werden. Also mißt der Mensch auch Land an seinen eigenen, ihm wohlbekannten Kräften, nämlich durch das Ausmaß seines Tuns. Mit der Zeit aber ist die Landschaft die bekannte, die scheinbar selbstverständlich funktionierende Größe geworden. Der ganze Erdball ist erforscht, analysiert, erfaßt, eingeteilt und benannt bis in weitreichende Tiefen und über den Luftmantel hinaus, und der Mensch muß feststellen, daß die Auswirkung

Noch widerstehen landschaftliche Urformen dem Menschen und seinen Bedürfnissen, dem Zugriff der Zivilisation.

seines eigenen Tuns nunmehr die unbekannte Größe ist, die ihn selbst im Kleinsten wie im Größten mit Untergang bedroht – die nicht einmal ausreicht, ihn gesund zu erhalten oder das Land, das ihn ernährt und trägt, vor der Minderung an Menge und Güte zu bewahren.

Es gibt zweierlei Gesundheit. Die erste wurde dem Menschen bisher meist in die Wiege gelegt, die zweite muß er sich erwerben, nachdem er die erste verloren hat. Diese zweite Gesundheit beruht dann auf der verständigen Arbeit des Trägers an sich selbst, beruht mehr oder weniger auf Selbsterziehung und Mäßigung.

Die erste Gesundheit der Landschaft ist zweifellos dahin. Um die zweite werden wir mit allen Mitteln der Wissenschaft und der Forschung, durch Beobachtung und Experimente kämpfen müssen. Noch ist das Ausmaß landschaftlichen Schadens, das durch Nachlässigkeit und Nichtbeachtung der Ausgleichsfaktoren im biologisch-sphärischen Kreislauf und durch die Hybris des Maschineneinsatzes entstanden ist, nicht voll erkannt. Schon stehen die Gespenster der Überbevölkerung einerseits und der genetischen Degeneration durch die Einwirkung unerprobter Strahlungsenergien und ebenso unkontrollierter Insektiziden andererseits als neue Lebenskrisen vor uns auf. Dies führt uns in Versuchung, abermals den Teufel mit Beelzebub auszutreiben.

Die durchschnittliche Zuwachsrate der Weltbevölkerung je Jahr beträgt 1 Prozent. In Deutschland sogar 1,2 Prozent = rund 630 000 Menschen. Um sie anzusiedeln, müßten also etwa 18 Städte von der Größe Detmolds oder Rosenheims oder 10 Städte wie Wolfsburg oder 5 Städte wie Recklinghausen oder eine Stadt wie Stuttgart jährlich neu erbaut werden. Da dies nicht geschieht, dehnen sich die bestehenden Ansiedlungen dementsprechend landschaftfressend aus.

Eine Fläche von 260 Quadratkilometern jährlich wird in Deutschland für Verkehrswege, Wohnungs- und Industriebauten, für Kasernements und Lagerraum verbraucht zu dem, was an Bestand vorhanden ist. Das bedeutet, daß $^1/_{12}$ der Bundesrepublik von Häusern, Straßen, Industrieanlagen, Eisenbahnlinien, Flugplätzen und Häfen bedeckt ist. $^1/_{10}$ also – so darf man sagen – ist unwiderruflich versteint, unter Beton begraben – tot.

Aber auch die Tragfähigkeit der übrigen Landschaft ist hinsichtlich der Zahl der Menschen begrenzt, denn nicht alle Böden sind ertragsfähig und zur Intensivierung der Ernährungswirtschaft geeignet.

Außerdem liegen unter den besten Böden häufig auch die Bodenschätze, bedingt durch die voreiszeitlichen, geologischen Vorgänge, und bevorzugte Siedlungsgebiete sind von alters her stets solche in bequemer Lage und mit fetten Weidegründen gewesen. Diese wuchsen sich zu unseren heutigen Ballungsgebieten aus. So verliert die Landschaft ertragreiche Böden an die Städte, und fruchtbare

Gelände werden von Straßen durchschnitten. Das ganze Feld des Ertrags ist beunruhigt durch das Tauziehen beidseitig berechtigter Interessen.
Unserer These getreu, daß jede Entwicklung, die auf Wachstum und Vermehrung gerichtet ist, natürlich sei – mag sie so ausgefallen sich äußern, wie sie will –, können wir den augenblicklichen Zustand nicht einfach verfehlt nennen. Die Tatsache, daß nur höchstens 10 % der Landfläche der Erde bisher kultiviert sind, mag uns dabei eine gedankliche Stütze sein. In Wirklichkeit ist sie es noch nicht.
Es gibt auch von Natur her sterile Böden, d. h. vegetationsfeindliche Ödländer. Mit Staubböden, Bleichsanden, mit von Mineralien oder Eisenerzadern durchsetzten Böden, mit Restböden, die nach dem Austrocknen von Mooren und Teichen zutage stehen, mit Schüttböden, die Einbrüche oder Entnahmen auffüllen, mit verdichteten Böden, undurchlässigen Böden, mit wasserlosen Böden, mit Wanderböden, mit stagnierenden, salzigen oder sauren Böden müht sich der Mensch vergebens. Von ihnen soll hier nicht die Rede sein.
Naturkatastrophen: Vulkanausbrüche, Erdbeben, Sturmfluten, Bergrutsche, Vergletscherungen usw., die die Landschaft zerstören, Land wegreißen oder es für eine Zeitlang oder für immer unbrauchbar machen, hat es immer periodisch gegeben.
Hohe Berge, enge Schluchten, unbewohnbare Inseln, zu heiße oder von ewigem Eise bedeckte Landteile entziehen sich jeglichen Kulturbestrebungen.
So bleibt uns also doch nur unsere Welt, in der wir leben und von der wir sagten, daß sie überschaubar sein muß ... Wir haben aber dafür gesorgt, daß Landesgrenzen, Gesetze, Einengungen, daß Sprachen und Gebräuche, daß Rassen und Religionen, daß Mutungsrechte und Nutzungsvorrechte und Rechtsauffassungen, daß ideologische Auslegungen Sperrzonen bilden, die selbst von Neid und Habgier, von Hunger und Dummheit respektiert werden.
Von den Zäunen kreuz und quer durch die Landschaften wird in der nächsten Geschichte die Rede sein, mit der wir ein Stück weiter an die Aufgabe, die uns zu lösen aufgetragen ist, heranrücken wollen.

Der Zaun

»Solange der afrikanische Viehhalter sein Leben auf der nomadenhaften Wanderschaft von einem fetten Weideplatz zum anderen zubrachte, waren die biologischen Verhältnisse des dunklen Kontinents einigermaßen ausgeglichen. Vom Fieber verseuchte Gebiete setzten den Wanderungen eine Grenze, und Rinderpest und andere Krankheiten hielten die Kopfzahl der Tiere in Schranken. Inzwischen aber ist der schwarze Mann seßhaft geworden, weil es kaum noch freies Land in Afrika gibt.« Dies ist eine Meldung von vorgestern.

Alle Altersstufen des Natürlichen in der Landschaft sind zugleich auf der Erde vorhanden, und in allen Entwicklungsstadien beleben und bearbeiten Menschen gleichzeitig Land und machen sie Landschaften.

Auch in unserer mitteleuropäischen Landschaft sind noch immer Reste der Urformen enthalten. Gestein und Relief, die Verteilung von Wasser und Land sind im großen und ganzen unverändert erhalten. Die Urstromtäler lassen sich erkennen. Gleichzeitig aber zeichnet sich der Gang der menschlichen Kulturtätigkeit in allen ihren Stufen deutlich ab. Beim Anschauen dieses kulturgeschichtlichen Bilderbuches ist es nicht schwer, sich vorzustellen, wie die Landnahme einmal begonnen haben mag.

Die frühesten Menschen, von denen wir wissen, waren Jäger und Sammler, die wandernd von der Hand in den Mund lebten. Sie waren der Landschaft so zugehörig wie die Tiere, die sie jagten, und die Pflanzen, die sie sammelten. Alle Überlieferungen berichten von »Goldenen Zeitaltern« und »Paradiesischen Gefilden«, wo die Menschen ohne Sünde lebten. Sicher ist damit gemeint, daß sie sich in vollkommenem Einvernehmen mit den Kräften des Bodens hielten, wenn auch ohne besondere Aktivität und ohne Kulturwillen.

Mit dem Sündenfall beginnt die Arbeit, die cultura – und damit die Ausbeutung. Die Menschen erfanden hierzu zwei Wirtschaftsformen. Sie zähmten Tiere, oder sie pflanzten.

Um Tiere zu halten, mußten sie eingesperrt werden. Um die Pflanzen vor unliebsamen Störungen zu schützen, mußten sie gehegt werden.

Ob der Kral oder der Hag den ersten Zaun bekam, wird niemand uns mehr

sagen. Sicher aber ist der Zaun das Zeichen früher Landnahme, ist er der Urbeginn des Besitzes und die erste Verteidigung des Eigentums.
Aus den Viehhaltern entwickelten sich die Hirtenvölker und aus den Pflanzern die Bauernvölker. Aus der Vereinigung beider erwuchs später der Überfluß an Gütern – aber auch der Umbau des Natürlichen im Landschaftsraum begann zu jenem Zeitpunkt.
Von ihrem Standort aus ineinandergebogene Ranken, Halme und Äste bildeten wahrscheinlich den ersten Zaun. Später mögen es zusammengeflochtene dornige Zweige gewesen sein und noch später Pfosten aus jungen Bäumen, dicht an dicht gerammt. Wie dabei das Problem des Einlasses, des Tores, gelöst war, bleibt ein Rätsel.
Voraussetzung für diese Art von Einzäunung war das Vorhandensein von Wald, zumindest von Bäumen, deren Astgabeln im nächsten Stadium als Ständer benutzt wurden, die mit darübergelegten Firsthölzern zu einer lockeren Verbindung kamen. Der Firstbaum regte zu der ersten Holzkonstruktion an, auf der bis heute das Prinzip des Ständerhauses mit Giebeldach variiert wird.
Wo die Vegetation keinen Baustoff lieferte, wurden Steine zum Einfriedigen benutzt. Auch diese Methode ist bis heute in Gebrauch und wurde ebenfalls bis zum Hausbau vervollkommnet.
Zäune aller Art, Grenzbäume, Schranken, Maschendrahtgewebe, Weidedrähte und Oberleitungen über Masten »schmücken« seitdem in zunehmendem Maße unsere Landschaften. »Achtung – Hochspannung – Lebensgefahr« lernen unsere Kinder bereits unterschwellig, ehe sie den Sinn von Kultur, von Eigentum und Besitz verstehen und ehe sie das Ordnungsprinzip, das dahintersteht, begreifen können.
Die weit weniger aufwendigen und auffallenden Wälle und Gräben, aus dem Bodenrelief selbst entwickelt, die lebende Hecke und das trockengeschichtete Mauerwerk aus den im Feld bei der Kulturarbeit aufgelesenen Steinen, verschwinden mehr und mehr aus den Wirtschaftslandschaften. Sie aber gerade sind es, die die Landschaft, ebenso wie der Gartenzaun sein Gehege, vor der Aushagerung des Bodens bewahren sollen, die helfen, ein Kleinklima zu schaffen, das dem Verbrauch des so wertvollen Humus entgegenwirkt.
Durch den Verbau offener, gepflügter oder gemähter und beweideter Flächen mit Hecken, Waldstreifen, Zäunen, Mauern wird der kulturbedingte Verlust an Boden gemindert, denn Windbrecher verhindern Erosionen.
Erosion ist Aushagerung. Hag und Hecke und Hegen und Pflegen stehen doch wohl in ursächlichem Zusammenhang beieinander. Die Windbrecher halten die Feuchtigkeit und die Boden-Kohlensäure im Boden – nicht nur dort, wo sie beschatten. Dies begünstigt das Bakterienleben, das zur Entwicklung von neuem Humus unerläßlich ist.

Wo die Vegetation keinen Baustoff lieferte, wurden Steine zum Einfriedigen benutzt.

»Die organischen, aber nicht lebenden Bestandteile der Erden sind das Endprodukt tierischer oder pflanzlicher Verwesung und tierischer Fäkalien. Diese Substanzen sind in der Rohform in den meisten fruchtbaren Böden vorhanden. Es gibt sie aber auch in abgewandelter Form, für die wir noch keine chemische Darstellung haben. Ihre korrekte Bezeichnung ist Humus. Was man für gewöhnlich als Humus bezeichnet, ist der Rohstoff, aus dem Humus entsteht, also faulende und verwesende Stoffe, in denen die Zellstruktur noch zu erkennen ist. Im Humus, der tatsächlich so bezeichnet werden darf, ist keine derartige Struktur mehr erkennbar. Der Stoff ist chemisch komplex, physikalisch so einfach, daß man ihn als Protoplasma-Gallerte bezeichnen kann. Die Umwandlung von zerfallendem Stoff in Humus geschieht durch Ammoniak bildende Bakterien, die jeder lebende Boden in sehr großer Zahl birgt. Fehlen derartige Bakterien (z. B. im Wald), so kann ein Pilz diese Arbeit übernehmen.« (Hyams)
Der Humus und die dazu in Vorbereitung befindlichen Rohmaterialien und die Tätigkeit der Knöllchenbakterien sorgen also natürlicherweise für ausreichende Nährstoffe im Boden. Die gute Verteilung der Kraut-, Strauch- und Baumschicht schützt den Boden vor Wind- und Sonnenangriffen. Polster von Moos, Laub und abgestorbenen Pflanzenresten verbessern die Wasserkapazität der durchlässigen Böden und lockern die schwerdurchlässigen. Die Durchlässigkeit der Böden beruht auf der Beschaffenheit der Unterböden, die, wenn sie sehr fein gemahlene Gesteine sind, Lehm heißen und etwas weniger fein gemahlen Sand. Die Unterböden geben mineralische Salzlösungen in den Humus ab. Die Humusbereitung verläuft in der Naturlandschaft völlig geregelt. In der Kulturlandschaft ist das Gleichgewicht gestört, weil an Stelle der natürlichen Pflanzendecke bestimmte Pflanzen gesetzt und auch wieder abgeräumt werden, ehe sie am Standort zerfallen. Weil bestimmte Pflanzen immer dieselben Nährstoffe aus dem Boden entnehmen, wird eine künstliche, auf diese einseitigen Entnahmen ausgerichtete Nährstoffzufuhr erforderlich. Auch muß der Boden mit Geräten aufgelockert und durchlüftet werden. Dadurch verändert sich seine Struktur. Wind, Regen und Sonne treffen auf mehr Oberfläche.
Der Zaun schützt also das Land. Er grenzt auch Landteile gegeneinander ab. Er sondert Land aus.
Land ist ein altes Wort, das weder seinen Laut noch seine Bedeutung im Laufe der Kulturentwicklung wesentlich veränderte. Denn das germanische »landa«, das althochdeutsche »lant« findet sich in »lendh« = freies Land, Heide, Steppe –, im schwedischen »linda« = Brachfeld –, im mittelkyrenischen »llan« = freier Platz –, im bretonischen »lann« = Heide oder Steppe –, im russischen »ljada« = Rodeland – und im tschechischen »lada« oder »lado« = Brache – wieder. Sein politischer Sinn als Staatsgebiet, Gebiet einheitlichen Rechtes, Rechtsverband der das Land Beherrschenden oder Gebiet des Landesherrn ist seit den

Anfängen nordeuropäischer Kultur unverändert auf uns gekommen, wenn auch hierbei das Land sich vom Zaun weitgehend gelöst hat.
Ebenso wie die Sitte des Umschreitens oder Umfassens oder wie das Im-Kreise-Stehen Symbol für Zaun, Bann und Schutz ist, so zeigen sich die roten, blauen oder violetten Linien auf unseren Landkarten als recht abstrakte Zäune, die die Landes- oder Bezirks- oder Kommunalgrenzen markieren.
Das Aussondern von Land durch das Setzen eines Zaunes zum Schutz oder zur Abwehr ist der Beginn dessen, was wir heute *Kulturtechnik* nennen. Bodenverbesserung, Bodenerhaltung, Wasserentzug und Wasserzufuhr, das Austrocknen versumpfter Flächen einerseits und künstliche Bewässerung von Trockengebieten andererseits, Dränagearbeiten und Ödlandaufbereitung und das Abfangen rutschender Hänge und Böschungen durch Faschinen (z. B. an den Autobahnen) – das Ausheben von Gräben, der Kanalbau, das Anlegen von Terrassen, Weinbergsarbeiten, Reiskulturen – das Anpflanzen von Hecken, Waldschutzstreifen, der Wirtschaftswegebau, die Neulandgewinnung (z. B. das Einpoldern in Holland) und das Verbauen von Abschwemmungen, das Eindeichen von Deltabildungen, das Begradigen von Bächen und Flüssen, der Wildbachverbau und schließlich auch die Flurbereinigung sind meliorative Maßnahmen der Kulturtechnik.
Die gegenläufige Doppelwirkung des Ausgangsobjektes, nämlich des Zaunes als Schutz wie auch als Abwehr, sondert Land aus oder friedet es ein, verbessert es oder verfremdet es. Diese Zweischneidigkeit ist in allen meliorativen Maßnahmen gegeben.
Wenn wir es uns aber richtig überlegen, sind der Stand unserer Kultur und die Zahl der Menschen, die heute vom Boden miternährt sein wollen, ohne alle diese Maßnahmen undenkbar.
Vom Zaun über die Flurbereinigung bis zur Raumordnung ist jeder *Eingriff* unter dem Vorwand der Arbeitserleichterung, der Ertragsvermehrung und der überschaubaren Ordnung vorgenommen worden. Die Ergebnisse sind darum »natürlich« im Sinne von folgerichtig. Daß infolge zu vieler Eingriffe viele Fehler und infolge von Mammutlösungen auch monumentale Fehler gemacht wurden und werden, steht auf einem anderen Blatt.
Die Realteilung, die auf dem Code Napoleon beruht, jener vom Kaiser Napoleon Bonaparte während seiner Herrschaft über einen großen Teil Europas ausgearbeiteten Gesetzesordnung, verfügt, daß alle Kinder einer Familie Anteil am Land und Gut der Eltern erhalten sollen. Auf dieser Entscheidung beruhen größtenteils die Zersplitterung des Landbesitzes in Deutschland und das allmähliche Verarmen weiter Teile der Landbevölkerung. Die schlechteren Lebensbedingungen auf dem Lande geben unter anderem Anlaß zur Abwanderung in die Städte. Der Aufnahmebereitschaft der städtischen Ansiedlungen ist das An-

Das Aussondern von Land durch das Setzen eines Zaunes zum Schutz oder zur Abwehr ist der Beginn dessen, was wir heute Kulturtechnik nennen.

wachsen der Ballungsräume zu verdanken. Diese Situation bedarf der Bereinigung.
Als gegen Ende des 18. Jahrhunderts in Deutschland die Leibeigenschaft aufgehoben wurde, die bisher den Landleuten außer der Fron nur relativ geringen Landbesitz gewährt hatte, fand die erste Flurbereinigung statt. Der neue Besitz wurde im ersten Drittel des 19. Jahrhunderts vermessen, und Grenzsteine wurden dort gesetzt, wo bisher ein Baum oder eine Hecke oder ein Wäldchen die Grenze »zaunartig« markiert hatte. Diese mußten, dem Befehl der Obrigkeit nach, alle fallen. Niemand konnte damals ahnen, welch negativer Ordnungseingriff damit vollzogen war. Der erste Schritt in das »technische Zeitalter« wurde also vom Lande her fast gleichzeitig mit der Ingebrauchnahme der ersten Dampfmaschine gemacht.
Es geht im Zeitalter der »ratio« um die Gestaltung der Flurlandschaft im Sinne rationellster Wirtschaftsführung. Dieser Forderung entspricht der große, zusammenhängende Acker, auf dem sich einer schnellen, reibungslosen und billigen Bearbeitung kein Hindernis entgegenstellt. Aus den wohlgemeinten, von nun ab periodischen Flurbereinigungen wurde ein vollkommenes Ausräumen der Feldflur, nicht nur von Hinderlichem und Entbehrlichem, sondern auch von notwendiger und sogar – wie wir heute wissen – lebenswichtiger Substanz.
Die lebenden Feldmarken bringen zwar der Landwirtschaft keine nennenswerten Erträge, aber sie üben doch eine wertschaffende Funktion im Naturhaushalt aus. Einzelbäume an den Säumen der Grundstücke oder an Bachläufen und auf den Viehweiden, Gebüsche und Feldgehölze bieten mit den Wallhecken und dem willkürlichen Bewuchs der Wegraine und der unbestellbaren Hänge Unterschlupf und Brutplätze für Kleingetier und Vögel. Wir wissen heute, wie Igel, Iltis und Wiesel das Überhandnehmen von Pflanzenschädlingen und sonstigem Ungeziefer, z. B. Mäusen, Engerlingen und Erdgrillen, regulieren und was ihr Fehlen bedeutet.
Die Beseitigung ihrer Lebensgrundlage, zugunsten von Monokulturen auf großen Flächen, hat der Landwirtschaft viel Aufwand eingebracht.
Die Gesamtfläche an Ackerland im Jahre 1800 betrug – bei der damaligen Größe Deutschlands – rund 18 Millionen Hektar. Im Jahre 1939 waren es, auf die gleiche Reichsgröße bezogen, 26 Millionen Hektar.
Im Laufe des 19. Jahrhunderts wurden in Preußen nicht weniger als 15 Millionen Hektar Allmende – das ist gemeinschaftlich, meist extensiv genutztes Gemeindeland – aufgelöst und der intensiveren privaten Nutzung zugeführt. Der Anteil an Brache ging von 28 % im Jahre 1800 auf 0 in der Gegenwart zurück. Die Drei-Felder-Wirtschaft wich der permanenten Fruchtwechselwirtschaft (nach Albrecht von Thaer) im Zuge der Flurbereinigungs- und Rationalisierungsbestrebungen.

Zur Intensivierung der Landwirtschaft gehören auch diejenigen Flurbereinigungsarbeiten – außer den kulturtechnischen an der Feldflur selbst –, die auf die Mechanisierung dieses Wirtschaftszweiges abgestellt sind. Dazu ist eine zweckmäßige neue Ordnung der inneren Verkehrslage der einzelnen Betriebe erforderlich.
Das Verkürzen der Arbeitswege und damit das Einsparen von Zeit und Löhnen und Betriebsmaterialien – von Fahrzeugen wie von Treibstoffen – liegt heute im Interesse der Landwirte, die konkurrenzfähig bleiben wollen und müssen.
Die Zusammenlegung der vereinzelten und häufig für die Maschinenbearbeitung zu kleinen Flurstücke, der Austausch von Fluren untereinander »versetzt die Zäune« in der Landschaft und läßt manche Linie auf dem Meßtischblatt des Grundbuchamtes verschwinden. Daß sich durch diese Zusammenlegungen im Zuge der Flurbereinigungsverfahren im Landschaftsbild ein Strukturwandel zum Nüchternen und Rechtwinkligen hin vollzieht, der sich in Europa von Westen nach Osten zu ansteigend bemerkbar macht, wird allgemein mit Bedauern, wenn nicht sogar mit unsachlichen Ressentiments festgestellt.
Noch nie ist in der Landwirtschaft so sorgfältig bilanziert worden wie heute. Die Erkenntnis, daß auch unnütze Landstreifen nützlich sind, beginnt sich trotzdem durchzusetzen. Auch indirekte Erträge zählen ja, wenn durch sie die Stabilität der biologischen Ausgeglichenheit der Böden garantiert ist, zu den Aktiva. Das Einsparen von Pflanzenschutz- und Ungeziefervertilgungsmitteln und von Kunstdüngern schlägt jedoch direkt zu Buch.
Die Flurbereinigung, die jetzt einer Gesetzgebung aus dem Jahre 1954 folgt, umfaßt seitdem Zehntausende von Hektaren. Im gleichen Zuge, wie die rationale Nutzung der Flächen fortschreitet, soll die Dorferneuerung, vor allem im Interesse des bäuerlichen Familienbetriebes, vor sich gehen. Von der bäuerlichen Familie aber wird in dieser Generation und in den nächsten Generationen erwartet, daß sie sich – bewußter noch, als es dem traditionellen Verhalten ohnehin entspricht – der Pflege der Landschaft annimmt.
Auch anderswo wird noch an »Zäunen« gerüttelt, nämlich an den Gemeinde-, Kreis- und Landeszäunen.
Die Landesplanungsbehörden und deren bevollmächtigte Fachleute versuchen heute, Planungsregionen ungeachtet der Landesgrenzen nach Interessengebieten zu bestimmen und so dem Landschaftsverbrauch und der Beunruhigung von organischen Einheiten entgegenzuwirken.
Interessengebiete sind solche, deren Wirtschafts- und Sozialstruktur zusammengehören und die sich so ergänzen, daß neue Lebensbeziehungen darin geplant und zum Austrag gebracht werden können. Das Leben hat sich übrigens noch nie nach Verwaltungsgrenzen gerichtet.
Der Schwerpunkt von Interessengebieten scheint »natürlich« dort zu liegen,

Die gegenläufige Doppelwirkung des Ausgangsobjektes, nämlich des Zaunes als Schutz und als Abwehr, sondert Land aus oder friedet es ein, verbessert es oder verfremdet es. Diese Zweischneidigkeit ist auch in allen meliorativen Maßnahmen gegeben.

wohin der Strom der Bevölkerung fließt, also bei den großen Städten. Die Stadtregion – so stellt man sich vor – sei derjenige Planungsbegriff, von dem aus in Deutschland Städte nebst Umländern in etwa 56 Planungseinheiten erfaßt werden könnten. Zwar leben in den vorgesehenen Stadtregionen 60 % der Bevölkerung, aber nur ein sehr kleiner Anteil der Flächen wird von den städtischen Ansiedlungen bedeckt (12 %).

Der Landschaftsschutz, der gerade diese von der Besiedlung durch Dorf, Stadt oder Industrie nicht in Anspruch genommenen Flächen betreut, ist gesetzlich verankert. Doch die Formulierung der Belange dieser Art Behörden ist mehr passiv als aktiv gehalten. Die Auswirkung ist demnach mehr verhindernd als vorsorgend.

Dieser »Behördenzaun« schützt also die Landschaft auf dem Rückzug und macht aus ihr eine Art Reservation des Industriekontinents Europa – ohne an der »Humusbildung« aktiv wirksam zu werden.

Landschaften, die sich trotz der verstärkten Inanspruchnahme in biologischer Ausgewogenheit befinden, was durch vorausschauende Maßnahmen durchaus im Bereich des Möglichen liegt, können aus sich heraus Kräfte aufbringen, um jene Schäden, die ihnen zugefügt werden, zu überwinden.

Der Aufbauplan muß jedem Abbauplan vorausgehen.
Dies ist das Gesetz – oder sollte es doch sein.

Es kann in diesem Zusammenhang nicht eindringlich genug gesagt werden, daß es die Landschaft ist, die die Städte mit allem Drum und Dran trägt und erträgt. Das der Ortsplanung, der Industrieplanung zuerkannte Privileg ist ein Denkfehler, der der Korrektur bedarf.

Die Vorstellung, bei den Ordnungsbestrebungen von Interessengebieten auszugehen, wäre nur dann logisch, wenn die Regionen zunächst von topographischen Gegebenheiten ihren Ausgang nehmen würden, die ja die Wirtschaftsformen auch biologisch von alters her bestimmt haben.

Doch wie auch immer – es setzt sich der Gedanke der Regionalplanungen über die politischen, die nationalen Grenzen hinweg. Hierfür sind im benachbarten Ausland, in Frankreich und in Holland, genug Anzeichen vorhanden. Die zukünftige Struktur Europas deutet sich bereits an.

Die Axt

Der Wald ist physiologisch, ökologisch und biologisch ein Wunder. Er kann naturbedingt, aus sich selbst und ohne Austausch mit seiner Umgebung, bestehen. Bei keiner anderen Art von Vegetation gibt es diese Selbstgenügsamkeit und Eigenwirtschaftlichkeit.
Diesen Zustand zeigt der Urwald – doch auch der forstliche Mischwald behält von dieser Autarkie einiges, denn abgetriebene, also abgeholzte Flächen würden – sich selbst überlassen – in Kürze wieder mit Mischkulturen bedeckt sein, wenn nur der anfliegende Same etwas angerauhten oder aufgelockerten, offenen Boden vorfindet.
Die Aufbaukraft der Waldgesellschaft aus Baum und Strauch und Unterwuchs ist so stark, daß selbst ermüdete, von Nährstoffen ausgelaugte Ackerflächen von ihm ergriffen und biologisch verjüngt werden könnten.
Nicht so bei den forstlichen Monokulturen. Jegliche einseitige Ausnutzung des Bodens durch den Anbau einer einzigen Pflanzenart – beim Wald sind es fast ausschließlich Nadelhölzer, die hierzu mißbraucht werden – zieht einen Verbrauch des Bodens nach sich. Der Boden ist aber eine der Grundlagen landschaftlicher Ausgeglichenheit.
Um das Jahr 1800 begann die Rationalisierung des Waldbaus. Die schnellwüchsigen »Geldbäume« – Fichten und Kiefern – folgten auf Buchen und Eichen mit einer Auschließlichkeit, die heute mehr als 70 % des deutschen Waldes zu Nadelholz werden ließ. Dasselbe vollzog sich in ganz Nordeuropa, wo – wie in Norddeutschland – die Buchen und Eichen fast ganz zurückgedrängt sind. Die Landschaft wurde hierdurch sehr verändert.
Der wesentliche Nachteil solcher reinen Fichten- und Kiefernbestände ist der fehlende Unterwuchs. Außerdem ist der mit den glatten Nadeln der Fichten und Kiefern bedeckte Boden undurchlässig sowohl für das Wasser als auch für die Luft. Der Boden im Nadelwald ist sauer bzw. er wird sauer. Es besteht ein Mangel an basischen Bestandteilen und an Wärme als Voraussetzung zur Verwesung.
Bei gehemmter natürlicher Zersetzung wird aus den anfallenden einseitigen

Rohstoffen kein echter Humus aufgebaut. Teile des Bodens verkitten zu krustigen, steinharten Orterden, und andere zerfallen zu Bleichsanden. Das Sickerwasser dringt nicht mehr in die tieferen Bodenschichten ein. Auf Ebenen oder in Vertiefungen bleibt das Wasser stehen. Vernässungen bilden sich, ohne daß dadurch dem Grundwasser die nötige Speisung durch das Niederschlagswasser zuteil würde. Hieraus entstehen an anderen Stellen sich ausbreitende Trockenschäden.

Durch das Versauern und durch die Trockenstellen geht das Bodenleben zurück. Ohne die bodenbedeckende Pflanzenschicht fehlen dem Boden auch die zahllosen Röhrchen, Kanäle, Gänge, Hohlräume, die von Regenwürmern, Engerlingen, Schnecken, Maulwürfen, Ameisen, von Algen, Pilzen und Urtierchen gebaut werden, deren Exkremente und körperliche Überreste ebenfalls Rohstoffe zur Humusbildung zu liefern hätten.

Es ist also nicht so, wie man uns aus rationalen Erwägungen glauben machen wollte, daß die Böden in gewissen Teilen Deutschlands so minderwertig sind, daß die Landschaften dort durch nichts anderes als durch Stangenwald genutzt werden können. Im Gegenteil: die »Holzfabriken« verschlechtern die Böden, auf denen sie gezogen werden, derart, daß Minderung der Landbeschaffenheit die Folge ist.

Wie bei jeder Monokultur besteht die Gefahr der Überhandnahme von Ungeziefer. Ohne bergenden Unterwuchs, der sich auf dieser Art unausgeglichenen sterilen Bodens kaum ansamt, finden sich auch die natürlichen Vertilger der Schädlinge nicht ein. Insekten wie Nonnen und Kiefernspinner, die ganze Forsten vernichten, lassen sich dann nur noch mit Insektiziden, mit chemischen Spritzmitteln, in Schach halten. Diese stellen aber eine besondere Gefahr für Vögel, ja, für die ganze Waldfauna dar.

Alle Maßnahmen im Waldbau, die darauf hinzielen, sterile Staubböden und Weißsandböden zu verjüngen, sind Beweise für die Möglichkeiten des biologischen Landschaftsaufbaues überhaupt, selbst in sozusagen aussichtslosen Fällen. Aussichtslose Fälle gibt es nämlich nicht. Von Natur ist alles Wachstum auf Vermehrung – auch der Bodenfruchtbarkeit – eingestellt.

Waldaufbauversuche mit Roterlen nach vorangegangener Düngung mit Braunkohlenerde (basisch) und Gründüngung mit Lupinen und Topinambur (als Heusonsche Waldversuche bekannt) haben bewiesen, daß dort, wo es gelingt, das kapillare Aufsteigen des Grundwassers wieder in Gang zu bringen, der Boden regeneriert. Ein Untermischen der Nadelhölzer mit Eichen, Hainbuchen und Birken, Wildkirschen, Eschen und anderen jeweilig entsprechenden Waldbaugehölzen als biologische Ausgleichsfaktoren setzt das »Waldwunder« von neuem in Szene.

Der Berliner Grunewald hat in den auch sonst kulturell so fruchtbaren zwan-

Der Wald ist physiologisch, ökologisch und biologisch ein Wunder. Er kann naturbedingt, aus sich selbst und ohne Austausch mit seiner Umgebung, bestehen. Bei keiner anderen Art von Vegetation gibt es diese Selbstgenügsamkeit und Eigenwirtschaftlichkeit.

ziger Jahren eine solche Waldverjüngung erfahren; sie trägt heute nicht nur biologisch-klimatisch Früchte, sondern hat darüber hinaus gesellschaftliche und politische Tragweite, die zu Beginn dieser Maßnahmen ganz sicher nicht in Betracht gezogen worden ist. Der reine Kiefernforst ist heute teilweise zu 50 % mit 30- bis 40jährigen Eichenheistern durchsetzt, die ihm ein völlig verändertes Aussehen und eine bei weitem höher zu bewertende Wohlfahrtswirkung geben. Dies ist für den derzeitigen Status der Stadt und überhaupt von unschätzbarer Bedeutung, ganz abgesehen von dem Einfluß des Laubanteils im Wald auf die Klimabildung und auf den Staubniederschlag.

Auch heute noch entstände Wald von selbst durch Ansamung im Hochgebirge, auf Wanderböden, in der Heide – jedoch nur dann, wenn keine Menschenhand dran rührt. Auch Böden, über die Naturkatastrophen hinweggegangen sind, verjüngen sich von selbst, sie tragen alsbald »Wald«. Doch ist dies nicht der beste Vorschlag: abzuwarten. Von der Natur zu lernen und dementsprechend zu planen, dürfte für uns die bessere Methode zur Erhaltung und Mehrung der vegetativen Substanz in der Landschaft sein.

Die Natur kennt keinen Kahlschlag. Reifes Holz bricht zusammen – oder es kann forstlich genutzt, also geschlagen werden. Wird an Stelle eines jeden entfernten Baumes ein neuer anderer Art gesetzt, so wachsen und helfen sich die Bäume aller Wachstumsalter. Man nennt dies Verfahren Plentern. Das Femel-System ist ähnlich: Horstweise werden Laubbäume zwischen Nadelhölzer gesetzt oder Nadelhölzer zu Laubbäumen, die so weit vereinzelt werden, daß Lichtungen von etwa 40 zu 80 Metern für die »Verjüngungskerne« sonnenoffen sind. Durchgesetzt haben sich diese Methoden bisher nicht, weil sie angeblich viel Pflegekosten und mehr Arbeitszeit beim Einschlag, also mehr Vorsicht und Rücksicht auf den Aufwuchs verlangen.

Solche Einstellung ist pfennigklug – aber talerdumm.

Seit 300 Jahren wird Waldbau mehr als Waldertragssteigerung denn als Pflege betrieben. Daß zu Anfang des 18. Jahrhunderts mit der Einrichtung von Forstämtern überhaupt begonnen wurde, ist sicher der Einsicht zu verdanken, daß die Axt damals im Begriff war, dem Wald den Garaus zu machen. Die Rationalisierung der Forstwirtschaft war vor 200 Jahren verständlich und verständig. Es war ja zu jener Zeit weder von Bodenkunde noch von Wetterkunde, noch von Pflanzenernährung etwas bekannt. Heute sind dies allgemein angewandte Teilgebiete der Naturwissenschaft.

Aus dem Geschichtsunterricht über die Zeit des Mittelalters blieben uns fast nichts als Kriege im Gedächtnis. Tatsächlich löste eine Fehde die andere ab. Meist ging es um ein Stück Land, das einer dem anderen unter irgendeinem moralischen Vorwand abnehmen wollte. Diesen Kriegen opferten die Fürsten nicht nur direkt Land und Leute – die Leute wurden auch müde, das Land zu bearbeiten. Ihre Mühe war zu oft vergeblich, und dazu hatten sie die Kosten der Händel zu tragen. Es schien leichter, dem Wald durch Rodungen immer neues und zunächst ja fruchtbares, humoses Land abzugewinnen als verwüstete, vernachlässigte Felder instand zu setzen. Das Holz wurde ohnehin für das Bauen in den Städten gebraucht, deren hölzerne Häuser, Palisaden und Dachstühle dem »roten Hahn« der brandschatzenden Söldner immer wieder zum Opfer fielen. Auch wurden neue Siedlungen gegründet, zum Teil auf schlechtem Baugrund. Ganze Wälder versanken als Fundamente und Pfahlroste im Morast. Der Hausbrand, viele Gewerbe und der Bau von Kirchen verschlangen Holz und nochmals Holz. Holz war der Werkstoff schlechthin. Kilometerweit fielen Wälder unter den Schlägen der Äxte.

Daß mit der Entwaldung des Landes eine Bodenzerstörung einherging, die nie wiedergutzumachen sein würde, wußte ja niemand. Vielleicht wurde in einzelnen Gegenden eine Veränderung des Klimas ins Extreme beobachtet. Vielleicht wurde das Ausbleiben von Regen, von Tau, von einer gewissen Periodizität der jahreszeitlichen Nebel- und Wolkenbildungen bemerkt – vielleicht wurde das häufigere Auftreten von Überschwemmungen als böses Vorzeichen für dies und das betrachtet. Niemand aber wird das alles mit dem zurückweichenden Wald direkt in Zusammenhang gebracht haben.

Erst die Erfahrung von Jahrhunderten konnte lehren, daß, wo weniger Wald als Feld in der Landschaft belassen wird, allen Böden – nicht nur den jüngeren Rodungen – erschwerte Bedingungen für den biologischen Ausgleich auferlegt sind.

In ausgewaschenen Erosionsrinnen, die sich zu Schluchten vertiefen, stürzen im Frühjahr die Wasser der Schneeschmelze unaufgehalten von Wäldern, deren Wirkung in der Landschaft der von Schwämmen gleichkommt, zu Tal, Geröll und Boden mit sich reißend. Wolkenbrüche schwemmen die abgelagerte, unersetzbare Humuserde weg. Auch die Unterböden werden – ungeschützt von Vegetation – vom Frost zerrieben und im Sommer staubfein vom Wind vertrieben. Von kahlen Berggipfeln rutscht das von keinerlei Wurzelwerk mehr gehaltene Gestein zu Tal und verlegt die Flüsse. Es kommt zu Überschwemmungen, zu Flußbettverlagerungen, zu toten Wassern, die ihrerseits negative Arbeit am Boden verrichten.

So ist es am Oberrhein, so in der Eifel. So ist das Eichsfeld verarmt, und so geschah es am Harz – und jetzt betrachten wir wieder die Gegenwart!

Noch vor kurzem sind im Schwarzwald nach dem zweiten Weltkrieg zum Zwecke der »Wiedergutmachung« ungeheure Kahlschläge – wohl gegen besseres Wissen durchgeführt worden. Wenig wurde damit »gut« gemacht. An die 700 Quellen versiegten, weil durch das Entkleiden der Hänge der Grundwasserspiegel absank. Wald und Wasser stehen immer in Beziehung. Im Gebiet von Salzgitter sank

Erst die Erfahrung von Jahrhunderten konnte lehren, daß, wo weniger Wald als Feld in der Landwirtschaft belassen wird, allen Böden — nicht nur den jüngeren Rodungen — erschwerte Bedingungen für den biologischen Ausgleich auferlegt sind.

allein wegen der Harzer Holzeinschläge nach dem Krieg der Grundwasserspiegel um 2 Meter. Fichten, Eschen und Erlen und auch Eichen überstanden – als ausgleichende Bestandteile dieser Waldungen – diese Absenkung nicht.

In der Lüneburger Heide, in der Senne hagerten die Böden aus, und selbst im fruchtbaren Oldenburg gibt es »ausgewehte Niederungen«, wo infolge der Entwaldungen vor rund 200 Jahren fruchtbare Oberböden als Staub davonflogen.

Die Wanderdünen der Ostseeküste sind eine Folge totalen Abholzens herrlicher Buchenwälder, deren Holz man für die Kolonisation des Ostens brauchte, jener Gebiete, die vor 20 Jahren uns wieder verlorengingen.

Das Hohe Venn, ein Hochmoor in der Eifel, das, öde und klimatisch benachteiligt, sich bisher jeder Rekultivierung zu widersetzen scheint, trug vor 150 Jahren dichten Wald. Nach seinem Verschwinden während der französischen Herrschaft am Rhein veränderten sich die Wetterverhältnisse dort derart, daß neues Wachstum nicht aufkommen kann. 80 Millionen Bäume sind nötig, um mit neuzeitlichen, aufwendigen kulturtechnischen Maßnahmen das Aufforsten zu bewerkstelligen. Dennoch lassen sich weder in der Eifel noch irgendwo in Westeuropa die verhängnisvollen Lücken im Waldbestand völlig schließen.

Ist der biologische Ausgleich von Landschaften erst in solchem Ausmaße gestört, so dauert es Jahrzehnte, bis die Wälder ihre ausgleichende Funktion wieder erfüllen können. Ob dies überhaupt in Europa im vollen Umfang je der Fall sein wird, bleibt eine Frage. Der Rohstoffbedarf ist weitaus größer als der Aufwuchs, und nirgends wird dem Holz genug Zeit zum Wachsen gelassen.

Der Nutzholzbedarf in Europa beträgt etwa 250 Millionen Festmeter, wovon nur 155 Millionen von den Ländern selbst gedeckt werden können. Denn auch Frankreich hat wilden Raubbau mit seinen Wäldern getrieben. Allerdings waren die französischen Forstwirte die ersten, die die Wohlfahrtswirkung des Waldes – als sozialen Faktor – erkannten und *nach* der Revolution entsprechend in Rechnung stellten. Aber von dem Waldfrevel während der Revolutionsjahre 1789 bis 1799, der 25 % des gesamten Waldbestandes kostete, hat sich die französische Landschaft nie wieder erholt.

Die alten Römer liebten Warmluftheizungen und badeten gern warm. Sie verschafften sich diesen Komfort durch rücksichtslosen Holzeinschlag. Italien ist bis heute ein Land sorglosen Raubbaues an Wald, und von den Italienern wissen nur wenige, daß ihre schroffen, vegetationslosen Abstürze, daß die Quadratmeilen bedeckende, kniehohe, unwegsame Macchia, daß das Knüppelholz überall da, wo nicht oder nicht mehr Garten- und Weinbau betrieben wird, nicht einmal die Reste einer Bewaldung sind, sondern quasi Lumpen, mit denen die nackte, ausgebrannte Erde – des ach so schönen Italiens – sich bedecken muß.

Aufforstungsversuche zeigen einen gewissen Erfolg. Jedoch ist ein Land erst einmal Jahrhunderte hindurch entwaldet gewesen, und sind die Böden aller humosen

Teile bis in die Unterböden beraubt, hat sich der Grundwasserspiegel bis zu 20 Meter und mehr abgesenkt, dann ist das Ansetzen von Vegetation, die pumpen, verdunsten, Tau und Niederschläge bilden soll, überaus kompliziert. Die gewünschte Wirkung geht leicht daneben – nämlich ins Meer. Nur große, zusammenhängende Flächen, die sich in voller Kapazität des biologischen Waldwunders durch Aufwuchs in allen Entwicklungsstufen und mit verschiedenartigen Holz- und Gehölzarten befinden, beeinflussen das Klima ihrer Umgebung günstig.

Es sind also nicht nur die Kosten, die bisweilen gegen den Erfolg beim Wiederaufbau von Wald sprechen. Israel, das allein sich in einer wüsten Umgebung um Aufforstungen in seinem schmalen Land zwischen Gebirge und Meer bemüht, hat diese Versuche zunächst aus eben diesen Gründen eingestellt. Der Landschaftsaufbau über den Wald entbehrt dort gegenwärtig der Wirtschaftlichkeit.

Griechenlands klassische Bevölkerung philosophierte in schattigen Hainen. Aus den materiell ausgeglichenen Lebensgrundlagen der Landschaft konnte sich hier einmal eine außerordentliche Kulturleistung entwickeln. Heute ist Griechenland viel zu arm, um als entwaldetes und darum zu dünn besiedeltes Land an den so notwendigen umfangreichen Waldaufbau auch nur zu denken.

Auch Spanien ist dort menschenleer, wo ehemals Wälder rauschten. Der Raubbau begann mit dem Schiffbau, der zur Eroberung der Welt führen sollte. Um ein seetüchtiges Segelschiff zu bauen, wurden 4000 Eichen benötigt. Welch verhängnisvoller Fehler, fortgesetzt bis in unser Jahrhundert! Weniger als 10 % des Waldbestandes verblieben. Dieser befindet sich nur im Norden des Landes. Großangelegte künstliche Bewässerungssysteme, wie das im Guadalquivir-Gebiet, funktionieren auf die Dauer nur, wenn dem landschaftlichen Gleichgewicht mit Hilfe des Wasserreservoirs Wald aufgeholfen werden kann.

Amerika ging im vergangenen Jahrhundert leichtsinnig mit seinen schier unerschöpflichen Waldvorräten um und zahlt dafür jetzt schweres Lehrgeld.

3000 Jahre früher machte es China ebenso. Heute wird dort mit Mist und Stroh geheizt und mit menschlichen Fäkalien gedüngt – ein sehr heikle Situation bei der jährlichen Zuwachsrate der Kopfzahl.

Das Kaspische Meer droht zu einer Salzwüste zu werden, weil die Wälder im Wolga-Quellgebiet und entlang der Ströme, die sich ins Kaspische Meer ergießen, der Axt zum Opfer fielen. Die Ströme bringen weit weniger Wasser.

Kurzum – es gibt kein Land und keinen Erdteil, wo der grundlegende Irrtum des Waldfrevels nicht praktiziert wurde. Und kein Volk lernte vom anderen. Keiner wußte ja vom anderen – abgesehen davon, daß die Schäden nur langsam und selten zu Lebzeiten der gleichen Generation offenbar werden.

Ob heute – mit Hilfe von rascher und gründlicher Nachrichtenübermittlung, mit Entwicklungshilfe und internationalem wissenschaftlichem Experten-Austausch –

derart fundamentale Fehler vermeidbar sein werden, bleibt abzuwarten. Ob durch die Erfahrungen anderer bestimmte Fehlentwicklungen im eigenen Lande übersprungen oder rechtzeitig korrigiert werden können, erscheint fraglich.
In jedem Jahr hören wir von neuem von den großen Waldbränden in Nordamerika, die landschaftlichen Reichtum vernichten und, abgesehen von den direkten Schäden, große Strecken entwaldeten Landes der biologischen Unausgeglichenheit überlassen.
Trotzdem wird gerade heute und jetzt in Brasilien mit Fleiß Wald abgebrannt, um Ackerland zu machen. Bekanntlich hat Weizen einen besseren Preis auf dem Weltmarkt als Holz. Die Secca aber, als Folge des Raubbaues an Wald, macht, daß diese Rechnung nicht aufgeht. Die projektierten Aufforstungsmaßnahmen und Wasserspeicherungsanlagen aber sind zu teuer und organisatorisch zu mühsam und im ganzen zu langwierig, als daß sie in dem vom politischen Hin und Her gequälten Lande zur Ausführung kämen.
Afrika wird nach europäischen Methoden »kultiviert«: Rodung, Buschbrände, Verbrauch der natürlichen Pflanzendecke sollen im Endeffekt ertragreiche Äcker als Beitrag zur Weltwirtschaft zeitigen. Der gestörte Haushalt des Kontinents aber rächt sich mit absinkenden Grundwassern, mit geringeren Niederschlägen, mit dem Versiegen von Quellen, mit dem Austrocknen von Flüssen, mit dem Verschwinden von Seen, mit Erosion und schweren Unwettern. Wenn die Afrikaner eines Tages klüger sein werden als ihre Lehrmeister – werden sie sich an Europa rächen? Haben denn wir ausreichend vor der eigenen Tür gekehrt, und zollen wir den innerwirtschaftlichen Problemen des Landschaftsverbrauches ausreichende Aufmerksamkeit?
Zwar schwingt kaum noch ein Landmann, ein Forstmann die Axt. Weit griffigere Werkzeuge mit einem höchst gesteigerten Leistungsvolumen stehen dafür zur Verfügung.
Zwar werden unsere Häuser im einzelnen nur noch mit verhältnismäßig geringen Mengen an Holz gebaut, aber die Ansiedlungen und das Gewerbe verbrauchen trotzdem weiterhin Wald. Daran hat sich seit dem Mittelalter nichts geändert. Täglich werden in Deutschland mehr als 100 Hektar Wald durch gewerbliche Anlagen, durch Straßen und Siedlungen und an militärische Einrichtungen verloren. Das ist soviel wie die Bodenfläche dreier mittlerer Bauernhöfe.
Trotzdem kamen bisher die Städte den Industrien mit Landpreisen, Steuern und Abgaben entgegen, um sie an sich zu ziehen und – à la longue – mit ihrem Gewerbesteueraufkommen den Stadtsäckel zu füllen. Ein sich dehnender Ort erreicht alsbald ja eine »höhere Ortsklasse«, was hinsichtlich der Besoldung der Beamten und Angestellten und im Hinblick auf allerlei Zuschläge bis jetzt vielen Vorteile zu bieten scheint.
In Frankreich dagegen kostet es Gebühren, wenn eine neue Industrie eine Stadt

belasten will mit Betriebsgebäuden, Büros und Arbeiterwohnsiedlungen, mit Abgasen, Rauch und Schmutzwasser. Je größer die Stadt bereits ist, um so höher ist die Gebühr. Für Paris besteht überhaupt ein Erweiterungsverbot. Prämien werden dagegen gezahlt für jede erfolgreiche Dezentralisationsmaßnahme der Industrieniederlassung. So oder so können Industrieplanung und Ortsplanung für oder gegen den Landschaftsverbrauch eingesetzt werden. Jedenfalls bilden sich zwischen Bauernland, Wald und Heide und dem Flächenbedarf der Städte immer härtere Fronten, die schließlich in tragikomische Wettläufe ausarten. Eigenheime, für teures Geld ins Grüne, weit hinaus in den Wald gesetzt, werden in Kürze von der Bebauung eingeholt. Diese Bebauung zeigt aber keineswegs etwas von jener Urbanität, wie sie älteren Stadtgebieten eignet – ganz gleich, ob diese nun historischen Charme haben oder ob sie einer geruhsameren technisch-wirtschaftlichen Entwicklung ihre Entstehung verdanken.

Die Erfahrungen, die gemacht werden – mit der Landschaft wie mit dem Stadtleben –, werden selten in der gleichen Generation richtig verwertet. Ungestört vor die Stadt zu ziehen und zugleich an der Landschaft und an den städtischen Vorzügen teilhaben zu wollen, hat sich ad absurdum geführt. Zurück also »aus der Natur« in die Stadt. Die Verdichtung der Altbaugebiete zeigt interessante Perspektiven. In den mittleren und kleineren Städten und vor allem in den Dörfern, die als »Ausbauorte« Aufmerksamkeit auf sich ziehen, gibt es viele Baulichkeiten, die auf ± Null abgeschrieben, verbraucht und unhygienisch sind. Durch Abriß und rationelleren Neuaufbau können diese Grundstücke wieder wirtschaftlichen Wert, und zwar nach mehr als nur zwei Seiten, bekommen. Urbanisierende Maßnahmen schonen die Landschaft. Orte, deren Ortsränder begrenzt und sauber in die Landschaft einmünden, sind als gesunde Wohngebiete attraktiv. Verdichtete Orte sind als »City« interessant und halten weitere Eingriffe in den Wald-Trinkwasser-Brauchwasser-Haushalt in tragbaren Grenzen. Wenn Bauen die Erde lebendig, fruchtbar und liebenswert erhält, bleibt die Landschaft eine gute Wohnung für den Menschen.

Unsere Landschaften sind durch Bebauen entstanden. Das Gebaute hat Anteil an der Landschaft. In der Landschaft verdienen das Gebaute und das Vegetative gleiche Beachtung. Das Regulativ für die Vegetation ist »der Haushalt der Natur«. Für das Gleichgewicht zwischen der Bebauung und der Vegetation in der Landschaft hat der Mensch selbst zu sorgen. Verteilt er seine Aufmerksamkeit ungleichmäßig, gerät der Unterbau menschlichen Seins und Tuns in der Welt ins Wanken. Das darf bei keiner Unternehmung vergessen werden, mag es sich auch nur um ein kleines Haus am Waldrand, um eine Tankstelle, um einen betonierten Wirtschaftsweg oder um nur einen Aussichtsturm auf Bergeshöhe mit einer bequemen Seilbahn oder um eine nur ganz, ganz kleine Tröpfel-Turbine im Wiesenbach handeln.

Daß mit der Entwaldung des Landes eine Bodenzerstörung einherging, die nie wiedergutzumachen sein würde, wußte niemand.

Die Vorstellung, die Stadt habe – weil mehr Menschen in »der Stadt« leben – Vorrechte gegenüber der Landschaft, muß fallen. Die Landschaft befindet sich nicht räumlich in der Defensive, wie es den Anschein hat; das Land ist lediglich zeitlich im Nachteil.

In was für »Städten« leben denn diese Menschen, für die die planerischen Bemühungen so stark im Vordergrund des Bewußtseins der Öffentlichkeit stehen? 19 Millionen Menschen, das sind etwa 35 % der Bevölkerung des deutschen Bundesgebietes, leben in Orten, die keinen größeren Umfang haben, als daß sie 5000 Einwohnern in etwa 1200 bis 1300 Wohnungen = rund 300 Häusern Platz bieten. 12,7 Millionen wohnen in Orten, die nur 2000 Personen zusammenfassen – also in Dörfern.

Der Beitrag, den die Ortsplanung – im besonderen die Überplanung der Millionenstädte – zum Landschaftsaufbau leisten kann, ist die soziale Neuordnung der Wohn-, Lebens- und Arbeitsfunktionen, die in diesen Ballungsräumen früher und härter in Erscheinung treten als in den zunächst noch unter weniger Druck stehenden ländlichen Lebensgebieten. Aber die Umstrukturierungen des Wohnens in ländlichen Bereichen und die im Verfolg sichtbaren Veränderungen im vegetativen Landschaftsbild sind – nur eben etwas langsamer – genauso gravierend im Gang.

Die Stadt zieht aufs Land. Zwei Drittel der heute auf dem Lande Wohnenden beziehen ihr Einkommen aus nichtlandwirtschaftlicher Tätigkeit. Der Anteil der an das Land gebundenen Berufe geht ständig zurück. Das Sozialgefälle von der städtischen Lebenshaltung zur ländlichen wird flacher. Die Versöhnung zwischen Stadt und Land bereitet sich vor.

Lange Zeit gingen die Ansiedlungsreize von topographischen Gegebenheiten aus: von Flüssen, Tälern, Furten, Inseln; und dann waren es die Straßenkreuzungen der Handelswege, die Bahnlinien, die Waldgebiete und die fetten Äcker, wo der Mensch sich anbaute. Heute sind Ansiedlungen von den guten Böden und den topographischen Verhältnissen unabhängig. Die Stadt braucht nicht fruchtbare Böden unter sich, sondern feste Baugründe. Sie braucht gleichmäßiges Klima und offene Lagen und einen Gürtel aus Pflanzlichem, damit der von ihr selbst erzeugte Rauch, Staub und Geruch die Einwohner möglichst wenig belästigt.

Es gibt keine intensivere Bodenpflege als Grundlage zum Landschaftsaufbau als das Gärtnern. Mit der Zeit entsteht in und um jede Stadt – wenn sie sinnvoll angelegt ist – sorgsam kultiviertes Gartenland mit nutzbringender und ästhetisch befriedigender Vegetation. Nicht der Verwaltungsapparat allein ist hierfür zuständig. Der Eigenfleiß der Bürger ist jener Anteil der Selbstverantwortung, den jeder Städter, wie jeder Landmann auch, für seine gute Wohnung auf dieser Erde trägt.

In den letzten Jahrzehnten mit ihrer überhitzten Bautätigkeit hat sich der

Wohnungsbau bei falscher Anwendung der immer vollkommener werdenden Bautechnik – offensichtlich in völliger Unkenntnis des wirklichen Problems, das in dem Verbrauch der Landschaft durch das Bauen liegt – allein die Stabilität zum Ziel gesetzt, das Werteschaffen. Das ist eine Überschätzung des Festgefügten.

Das so sehr »leicht« gewordene Bauen, dessen Mobilität keine Modeerscheinung und kein »neuer Stil« ist, verfolgt eine vollkommene Anpassung an die Verhältnisse – an den Bedarf wie an die Landschaft. Was nicht mehr gebraucht wird, kann mit Leichtigkeit und ohne Verlust entfernt werden.

Wirklich neues Bauen, wie es eigentlich dem Stande unserer Erkenntnisse und dem technischen Vermögen entspricht, ist ein Bauen, das bestehende Schäden korrigiert und einmal gemachte Fehler nicht ständig wiederholt.

Heute kann niemand mehr sagen – ohne sich nicht geradezu lächerlich zu machen –, er sähe nichts vom Landschaftsverbrauch und wisse nichts davon. Solange der Mensch ein »Wissen von der Natur« hatte, machte er seine Sache innerhalb der Landschaft ganz gut. Seit er die »Naturwissenschaften« hat, die ihm soviel Macht über Leben und Tod geben, übt er sich in sündhafter Ignoranz, die sich letztlich gegen ihn selbst richtet.

Vom »friedlichen Erdenbürger« sind wir noch immer weit entfernt. Um »Schußfeld« zu gewinnen, im wahren und im übertragenen Sinne, werden stets Bäume gefällt. Wenn Staatsformen gestürzt werden, fallen auch – mit Schlössern, Regierungssitzen und Klöstern – die Bäume. Bomben fielen, gewaltigen Äxten gleich, auch auf Parks, in die Alleen und in die Waldungen. Für schnurgerade Straßen, für Oberleitungen und Exerzierplätze werden Schneisen geschlagen, die als Kettenreaktionen Windbrüche und Entwurzelungen nach sich ziehen. Ausströmendes Schwefeldioxyd – von chemischen Werken ausgeblasen – schädigte bereits 50 000 Hektar Wald. Die unvollständige Verbrennung von Benzin und Diesel-Kraftstoff, die Rückstände von Blei und Tetraäthyl beeinträchtigen, zusammen mit der Beunruhigung des ganzen Waldraumes durch Fahrwind und Erschütterungen, längs der Fernstraßen den Aufwuchs der Wälder auf große Tiefen.

Wie eine Axt wirkt der Verkehr in den Parks, Grüngürteln und Stadtforsten. Die Bäume, deren Laubwerk eine vieltausendfach größere atmende, verdunstende, sauerstoffproduzierende Oberfläche ausmacht, als Stamm und Krone beschatten, werden in ihrem Wert täglich zunehmend gemindert durch den fließenden Verkehr und seine Abgase sowie durch den Flächenbedarf des ruhenden Verkehrs.

Es gibt kein Gesetz und keine Verordnung, die den Baum in der Stadt wirklich zu schützen in der Lage sind – auch das Naturschutzgesetz tut es nicht. Daß Gesetze überhaupt nur da sind, »um umgangen zu werden« – das wird bei dem Wettkampf zwischen Stadt und Landschaft wahrhaft zum »Sport«.

In Berlin gibt es viele Straßenbäume, mehr als in irgendeiner anderen europäischen Stadt. Das liegt sicher mit daran, daß die Berliner ihre Bäume im Bewußtsein tragen und sie, unaufgefordert durch Gesetz und Verordnung, auch pflegen.

Das Anerkennen nicht berechenbarer Werte ist eine Frage der Erziehung (auch der Selbsterziehung) und eine Sache der inneren Einstellung. Nicht früh genug kann mit jeder Art Unterweisung begonnen werden, die Wert und Verbrauch – ohne das Medium Geld – ins Bewußtsein bringt. Liegen wir erst einmal im Grabe, ist es für den einzelnen ziemlich uninteressant, daß der letzte »Wald« in der Stadt der Friedhof ist – dessen Bestand an Bäumen tatsächlich allerorts unangreifbar, wohltuend und fortdauernd geschützt ist.

Das Boot

Es gibt Böden, auf denen der Mensch seine Existenz auf fast unbegrenzte Zeit hätte gründen können. Diese Böden überstehen die Verwüstungen durch den Ackerbau, verkraften die Kulturtechnik, tragen dichte Ansiedlungen, ohne dabei wesentliche Zeichen des Verbrauchs zu zeigen. Es sind dies Alluvialböden, die ihren Reichtum der jahrtausendelangen Ansammlung von Schwemmstoffen verdanken. Jährlich erneuert sich durch die Überschwemmung der Flüsse die Nährstoffgabe im Tal. Diese Gebiete bereichern sich mit den von weit her angetriebenen, unbenutzten Böden und geben sie so dem Gebrauch des Menschen frei. Kein anderer Boden würde mehr als 2000 Jahre Kultur ertragen – ohne zu ermüden –, es sei denn der Schwemmboden, den der Fluß an seiner Mündung ablegt.

Von den frühen Hochkulturen, die wir kennen, sind vier bestimmt auf diesen widerstandsfähigen Böden entstanden: entlang der Ströme Nil, Euphrat und Tigris, Indus und am Hoangho.

Richten wir aber beispielsweise jetzt unseren Blick nach Babylon, so sehen wir, daß jene damals so blühende Landschaft staubig und grau ist. Überall ist sie von Kanälen und Gräben durchzogen, Zeugen mesopotamischen Landschaftsbaues. Aber wo das Wasser verdunstet, steht eine weiße Kruste auf dem Boden: Salz! Auch das Süßwasser des Euphrat und des Tigris enthält Salze und Mineralien. Was ist geschehen? Das Bewässerungssystem, von Hand gebaut, verschlammte mit den Jahren. Regelmäßig wieder und wieder wurde es ausgehoben, bis die Erde rechts und links höher wuchs, als der Arm den Aushub werfen konnte. Einfacher war es dann, neue Kanäle anzulegen. Die andauernden Veränderungen im System aber störten den Lauf der Flüsse. Mehrmals verlegten sie ihren Lauf, vertieften sie ihr Bett. In den alten Gräben aber wohnte der Tod. Malariamücken und Sumpfmoskitos dezimierten das Volk. Die Hunnen-Einfälle rieben die Arbeitskraft auf.

In einem anderen Land, das vom Klima begünstigt ist, hat sich bis auf den heutigen Tag eine Hochkultur des Fruchtanbaues entwickelt. Auch für Industrieschwerpunkte und dichte Menschenansammlungen ist das Land geeignet.

Ein nicht nur technisch, sondern auch biologisch bis zu Ende gedachtes Durcharbeiten und Ausführen von Wasserbauten an Flüssen findet immer Wege, den Auenwald, der zum Organismus Fluß gehört, entweder nicht zu stören oder wieder in Funktion zu setzen.

Im sonnigen *Kalifornien* sinkt der Grundwasserspiegel unentwegt. Ohne natürliche Zuflüsse, mit sehr wenig Niederschlägen, aber sehr vielen Sonnentagen im Jahr, fordern die Kulturen dort sehr viel künstliche Bewässerung aus Tiefbrunnen. Längst ist der Grundwasserverbrauch weit über das Maß des Haushälterischen gestiegen; der derzeitige Grundwasserstand liegt bei 20 Meter unter dem Meeresspiegel. Nun dringt vom Meer her salziges Wasser in die Grundwasseradern ein und macht sowohl Trink- als auch Brauchwasser teilweise ungenießbar. Mit riesigen Staudämmen, die Wasser aus großen Entfernungen herbeiführen, wird hier ein künstlicher Ausgleich mit allen Mitteln der Wissenschaft und der Technik praktiziert.

In Ägypten beginnt die kulturtechnische Arbeit der Nilregulierung und der Ausnutzung der Wasserkraft des Stromes zur Energieerzeugung erst in der Gegenwart. Der Glaube an die ihm bekannten Naturkräfte aber läßt den Bauern behaupten, das Wasser des Nils sei böse, wenn es durch die Turbinen gelaufen ist, und schade der Ernte.

Es könnte wohl etwas daran sein, denn auch die Fischer und Flößer der Donau und anderer Flüsse nördlich der Alpen behaupten allen Ernstes, Wasser, das durch Turbinen gelaufen ist, sei leer. Sie sprechen auch von schwerem und von leichtem Wasser, von dunklen und von lichten Wässern. Die Naturwissenschaft kommt heute, nach exakten Messungen und Analysen, zu ähnlichen Wasserqualitätsbezeichnungen, die im Endeffekt zu erkennen geben, daß Wasser tatsächlich nicht gleich Wasser ist. Grundwasser, Quellwasser, Oberflächenwasser und Niederschlagswasser vereinigen sich zu Flußwasser und Seewasser. Aber sie bilden keine absolute Einheit. Ihre Immunität bzw. ihre Anfälligkeit den Belastungsstoffen gegenüber divergiert.

Die Sedimente, die Sinkstoffe, das Plankton sind die Lebensträger im Wasser der Flüsse. Auf ihnen beruht ihr Reinigungsvermögen, von ihnen leben die Wassertiere: Fische, Krebse, Würmer und Frösche – Schlangen und Vögel wieder von diesen. Die Sedimente bilden auch die Wasserpflanzennahrung, deren Faulstoffe dem Uferbewuchs und den Überflutungsgebieten zugute kommen. Uferpflanzen und Wasserpflanzen aber beeinflussen die Fließgeschwindigkeit, die Strömungstiefe und die Wirbelbildung und damit die Temperatur der Gewässer. Nur bei bestimmten Temperaturen halten sich in bestimmten Tiefen jene Lebewesen, die den biologischen Kreislauf innerhalb der Gewässer garantieren, die also das Wasser auch dann noch einigermaßen hygienisch einwandfrei machen, wenn der Mensch seine Abfälle hineinschüttet.

Solange ein Fluß als Naturgewalt hingenommen und mit geduldiger Hand wie ein wildes Tier gezähmt wurde, konnte der Umbau des Lebendigen in und am Wasser sich entsprechend anpassen, denn die Landschaft ist stets bereitwillig und gelehrig. Es ist aber immer eine Zeitfrage! Geht die Entwicklung im Maschinentempo immer schneller und schneller, so werden die Eingriffe zu harten, unelastischen Stößen.

Als der Mensch am Fluß auf ebenen, reich bewachsenen Geländen nach langen Wanderungen ansässig wurde, fühlte er sich am sichersten dort, wo auf einer Halbinsel oder in einer Flußschleife Angreifern der Zugang von drei Seiten verwehrt und auf der vierten Seite mit geringen Mitteln erschwert werden konnte. Die Nähe einer Flachstelle bot bequeme Viehtränke und Waschplätze; auch ließ sich dort das Holz zum Hausbau, vom Wald aus in den Fluß gerollt, leicht wieder fangen.

Das Floß mag so lange gedient haben, bis das Vertrautsein mit dem Element auch die Rückkehr zum Ausgangspunkt auf dem gleichen Wege gestattete, nun aber mit einem Boot, das nicht nur getrieben, sondern gelenkt wurde.

Boote schlagen leicht um, wenn sie mit Lasten, mit Vieh oder Menschen schwer beladen werden. Der Kiel erfordert größere Wassertiefen. Die konnten aufgesucht – sie konnten aber auch so ausgebaut werden, daß sie bequem zur Ansiedlung lagen. Durch das Einengen eines Bachzulaufes mit Holz oder mit Steinen betrieb das Wasser das Vertiefen von selbst.

Mit dem Schiffbarmachen der Flüsse begann die Zähmung eines Bestandteils der Landschaft, dessen Eigenschaften trotz der Domestizierung bis heute noch unvorhergesehene – meist recht negative – Überraschungen bereiten. Der Verzicht auf die alljährliche Nährstoffzufuhr aus dem Wasser wurde in der Folge mit sehr viel Arbeit in der Wirtschaft bezahlt.

Die Kraft des Wassers zu brechen, ist nie gelungen. Sie einzufangen und zu nutzen in Mühlrädern, Stampfwerken und Turbinen, war ein Erfolg. Die Wasserstraßen, die den Gütertransport müheloser und gefahrloser machten, Handel und Wandel entlang der Flüsse begünstigten, waren von Vorteil. Die Erhöhung der Fließgeschwindigkeit aber, das Eintiefen der Flußbetten, das Vermuren und das Abkühlen der Gewässer waren unvorhergesehene Mißerfolge, die durch die daraufhin einsetzenden wiederholten Korrekturen, durch das Stauen, durch das Eindämmen mit kulturtechnischen Mitteln, nicht gerade aufgehoben wurden. Denn wo dem Wasser Zwang angetan wird, rächt sich der Boden. Wo dem Bewuchs der Erde, insbesondere den Wäldern, Gewalt angetan wird, rächen sich die Gewässer. Wo Vegetation und Wasser nicht aufeinander eingespielt bleiben dürfen, sondern gegeneinander arbeiten sollen, droht der Himmel mit zuviel Sonne und mit plötzlichen Unwettern ohne Segen.

Trotz vielfach erweiterter naturwissenschaftlicher Kenntnisse beginnen noch heute alle Kulturarbeiten am Wasser mit dem Abschlagen des Ufergehölzes. Baumschatten beeinflussen die Wasserqualität günstig und verhindern den Krautwuchs im Bach. Bachverbau als kulturtechnische Maßnahme läßt sich aber auch ohne Uferentkleidung, ohne Geraden, ohne den Einbau von Staustufen,

Solange ein Fluß als Naturgewalt hingenommen und mit geduldiger Hand wie ein wildes Tier gezähmt wurde, konnte der Umbau des Lebendigen in und am Wasser sich entsprechend anpassen, denn die Landschaft ist stets bereitwillig und gelehrig.

ohne Schädigung des Unternutzers und ohne Vermurung der Mündungsstelle einwandfrei lösen. Das beweisen die schwierigen Wildbach-Meliorationen in fast allen Teilen Österreichs.
Die Winde streichen immer entlang dem Wasserlauf. Durch den Uferbewuchs werden diese Winde gebrochen. Fehlt der Bewuchs, entstehen Zuglüfte, die ihrerseits Taubildung und Nebelstand vermindern. Tau fällt nur in stiller Luft. Was ziehende, wabernde Nebel sind, wissen alle Autofahrer von nächtlichen Überlandfahrten.
Ein nicht nur technisch, sondern auch biologisch bis zu Ende gedachtes Durcharbeiten und Ausführen von Wasserbauten an Flüssen findet immer Wege, den Auenwald, der zum Organismus Fluß gehört, entweder nicht zu stören oder wieder in Funktion zu setzen.
Durch das Ausräumen eines Flußtales werden die Wasserreserven der Landschaft geschmälert. Nicht nur fließen die Flußwasser schneller durch Begradigung und glattwandigen Verbau der Ufer, auch die bereits verminderten Wasserreserven – ein Ergebnis der fehlenden Vegetation – werden noch mit fortgeführt. Versteppte Flächen mit ungenügender Bedeckung entlang der kanalisierten Flüsse sind die in der Folge verheerenden Erscheinungen. Zum Schluß hat dann niemand etwas dagegen, wenn Gewerbe und Industrie sich dort anlegen und – um alles noch schlimmer zu machen – ihre Abwässer dem »nutzlos« gemachten Gewässer gedankenlos zuschicken. Wo der »Fluß« überhaupt ein technisches »Kunstwerk« ist, also entlang der Schiffahrtskanäle, wirkt der Eingriff in die landschaftliche Ausgeglichenheit sich noch krasser aus. Von den angestochenen Flüssen oder Seegebieten, von den tiefsten Unterböden über jegliche Vegetation bis hin zum Klima kommt alles durcheinander, und nur ganz selten gelingt es später den Bemühungen der Ökologie im Landschaftsbau, eine neue in sich selbst ruhende Ordnung herzustellen.
In Böhmen wandern von Osten her – durch die Regulierung der Moldau und der Oder – Steppengräser ein, ein sicher unerwünschtes Abzeichen der Ostblockzugehörigkeit.
In Schlesien liegt das Land an der Oder drei Meter über Flußniveau, trocken und schwer zu bewirtschaften. So tief grub sich der Fluß ein, daß das Grundwasser mitgezogen wird. Nur anhaltende Landregen stellen heute gelegentlich noch die ehemalige Fruchtbarkeit des Bodens unter Beweis. Die Oderregulierung wurde vor Beginn der »naturwissenschaftlichen« Zeit, also vor mehr als 200 Jahren, in Angriff genommen.
Im 20. Jahrhundert »des Fortschrittes« wurden die Wertach, die Saalach, die Salzach, die Donau, die Isar, die Iller, der Lech, die Argen, die Elbe, die Aller, die Möne, die Bigge, der Main, der Neckar, die Mosel – ja, eigentlich alle deutschen Flüsse, durch flußbauliche Regulierungen, durch Begradigungen,

durch Schleusen, durch Staustufen, durch Kanalbauten, Nebenkanäle und Ableitungen ganz oder auf Teilstrecken aus ihrem biologischen Zusammenhang genommen. Überall, vom kleinsten Bach bis zum Strom, zeigen die Ufer mit den Austrocknungen auch die Verarmung der Vegetation.
Obstplantagen gehen kilometerweit die Hänge hinauf ein. Merkbare Klimaveränderungen zeigen sich durch Spät- und Frühfröste und durch Kaltluftsäcke an. Gewisse Kulturen, die bisher am Flußrand gediehen, müssen eingestellt werden. Bestimmte Bäume – besonders Flachwurzler – bekommen dürre Wipfel. Die Qualität der Reben wird minder. Die Art der Gräser läßt auf Qualitätsrückgang der Bodensubstanz schließen. Die verelendete Landschaft gibt sozusagen von selbst ihrer Proletarisierung nach.
Durch die Industrialisierung wurde im Laufe der letzten Jahre der Grundwasservorrat über das Maß der »natürlichen Erneuerung« hinaus in Anspruch genommen – wohlgemerkt über das Maß der bereits infolge der Flußregulierungen, der Entwaldungen, der von Baum und Strauch entkleideten, rationalisierten Feldflur *geminderten* »natürlichen« Erneuerung.
Der Wasserverbrauch durch Industrie, Bergbau und Bautätigkeit beutet die Landschaft derart aus, daß der Pflanzenwuchs stellenweise den jährlich um 30 cm absinkenden Grundwasserspiegel schon lange nicht mehr erreicht. Wenn doppelt soviel Wasser gebraucht wird, wie die Flüsse und Bäche bringen, so muß eben das Grundwasser verbraucht werden. Selbst ingeniöse Meisterleistungen, wie Stauseen und Trinkwasserreservoire, wenn auch landschaftlich wieder »schön« eingebunden, können über die Gefahr der »Uferlosigkeit« nicht hinwegtäuschen.
Als die Flüsse noch gemächlich schlingernd dahinziehen durften, legten sie von den ihnen anvertrauten Stoffen in jeder Biegung etwas ab. Die Schleifen wurden ausgeprägter, andere schlossen sich auch. Tote Arme und stehende Wasser versumpften. Untiefen und Sandbänke wuchsen. Vertiefungen an anderen Stellen verursachten gefährliche Strudel. Der Fluß breitete sich aus. Das gab in den trockenen Jahreszeiten Kiesbänke, denen sich mit der Zeit die herangeschaffte Last aus Löß anlegen konnte. Heute schwemmt der Po eine Erdfracht von 12 Millionen Tonnen geradenwegs ins Meer.
Der Hoang-Ho, »Das Unglück Chinas«, hat diesen Namen nicht, weil er wiederholt mit verheerenden Überschwemmungen Ungemach über das Land brachte, sondern weil er von dem Reichtum Chinas, dem gelben Löß, der eine Ursubstanz ist, dem Humus vergleichbar, jährlich 500 Millionen Tonnen ins Meer trägt. Der Missouri transportiert täglich durchschnittlich 100 Tonnen Erdschlamm, der Jangtsekiang 200 Tonnen im Jahr und der Mississippi etwa 220 Tonnen. Die Böden, meist feinkörnige Tone, werden entweder von den Flüssen selbst gelöst oder ihnen durch Nebenflüsse und durch Niederschläge in Erosionsrinnen zugetragen.

Selbst ingeniöse Meisterleistungen, wie Stauseen und Trinkwasserreservoire, wenn auch landschaftlich wieder »schön« eingebunden, können über die Gefahr der »Uferlosigkeit« nicht hinwegtäuschen.

Die Schleppkraft des Wasserlaufes wird um so größer, je stärker das Gefälle und je tiefer der Wasserstand sind. Eine natürliche Erosion, Abtrag zerfallender Gesteinsteile plus Verwesungsprodukte, hat es immer gegeben, und immer ist vom Gebirge mit dem Wasser auch Erde zu Tal geschossen – nur gab es in den breiten, in die Ebene auslaufenden Tälern keine künstlich beschleunigten Flüsse mit gleichbleibend niederem Wasserstand.

Das Beispiel vom Rhein, der Deutschlands Stolz ist und eigentlich nicht gerade Deutschlands Begrenztheit zeigen sollte, faßt eigentlich alles zusammen, was einem Wasserlauf im Verlauf von noch nicht ganz 150 Jahren angetan werden kann.

Die Begradigung des geschlängelten Bandes zwischen Basel und Mainz begann – nach Plänen des Ingenieurs Johann Gottfried Tulla – 1817. 1874 war der Fluß zu einem fast geradlinigen Lauf eingeengt. Bis zur Jahrhundertwende waren entsprechende Arbeiten am Mittel- und Niederrhein beendet. Dabei wurde der Fluß um rund 100 Kilometer gekürzt. Die Strömungsgeschwindigkeit war um 30 %/o erhöht. Der Fluß vertiefte sich. Ufererosionen entstanden. Der Wasserspiegel sank bei Basel um 3, bei Idstein um rund 7 und von Kehl bis Mainz um 2 Meter.

Das Rheintal zeigt eine ausgedehnte Kies-Sand-Schicht und ist hervorragend für Grundwasserhaltung geeignet. Trotzdem sank im oberen Rheintal bis zum Schwarzwald in 3 Kilometer Entfernung das Grundwasser um durchschnittlich 5, stellenweise bis unter 15 Meter ab.

Auf der badischen Seite des Rheins wurde ein Rhein-Seitenkanal ausgehoben. Es wurde dadurch im Kanal eine gleichbleibende Wasserführung von 1000 cbm/sec erreicht. Der »Restrhein« aber führte nur noch die »Pflichtmenge« 30–50 cbm/sec. Diese Menge sollte angeblich ausreichen, das Fischleben zu erhalten, weil sie die Abwässer, die diese geringen Wassermengen belasten, ausreichend verdünnte!

Durch die Absenkung des Wasserspiegels im »Original-Rhein« zugunsten des Kanals sank wieder das Grundwasser um 2–3 Meter. Es tritt sichtbar in das entwässerte Flußbett aus. Die Brunnen im Badischen versiegten. Noch immer sinkt der Rhein jährlich um einige Zentimeter. Schleusen und Kanaleinmündungen müssen immer wieder mitvertieft werden, um die störungsfreie Abwicklung der Schiffahrt zu sichern.

Der große Kanal von Elsaß – mehr als Revanche für die Okkupation von Elsaß-Lothringen von 1871–1918, denn als zwingende wirtschaftliche Notwendigkeit zwischen den beiden Weltkriegen unternommen – macht die fruchtbare Oberrheinische Tiefebene allmählich zur Steppe. Die Erträge der Böden sind durchschnittlich um zwei Drittel zurückgegangen.

Dieser Landschaftsverbrauch am Rhein wurde um einer Schiffahrt willen begonnen, die heute weniger Güter transportiert, als der Fluß an Unrat mit sich führt. Bei Köln wurden bereits Anfang der fünfziger Jahre 14 000 Tonnen Industriesalze und 4 Millionen Tonnen Schlamm gemessen. Diese Mengen dürften sich in den letzten 15 Jahren nicht verringert haben. Phenole, Kocherlaugen (Ligninsulfonate) und Detergentien sowie Öl von der Schiffahrt und den Raffinerien sind hinzugekommen. Die Menge der organischen, bakteriell verseuchten Abwässer der zahlreichen Städte ist prozentual zum Anwachsen der Bevölkerung gestiegen, denn längst nicht jede Stadt am Rhein verfügt heute über eine tadellose Abwässer-Kläranlage und einen entsprechenden Abfallverwertungsbetrieb.

Der Bau eines Saar-Pfalz-Rhein-Kanals ist im Gange. Wirtschaftspolitisch oder energiewirtschaftlich ist er nicht vonnöten. Wahrscheinlich ist die in die organisch-biologischen Zusammenhänge der Landschaft erneut tief eingreifende Maßnahme überholt, ehe das Werk fertig ist. Aus Prestigegründen, aus Konkurrenzneid zwischen Saar- und Ruhrgebiet wird Landschaftsverbrauch zugelassen. Heute! Im Zeichen des naturwissenschaftlichen Bildungsideals! Ohne politische Einsicht wurde die Moselregulierung nach dem zweiten Weltkrieg von Frankreich erzwungen – wiederum als Vergeltung kriegerischen Eindringens in fremdes Gebiet von unserer Seite. Diese Strafe wird sehr, sehr hart sein. Und sie wird in irgendeiner »natürlichen« Form zurückschlagen – auf alle.

Die Saar ist bereits bei Völklingen ein völlig verdorbener Industriefluß. Kohlenschlamm ertötete jedes Leben in ihr. Ihr Stausee in Mettlach droht dadurch unbrauchbar zu werden. So wird jährlich bei Hochwasser das Wehr gezogen, und große Mengen Schlamm werden der Mosel zugejagt.

Der Main ist durch Pilztreiben verunreinigt. Viele Flüsse in Niedersachsen sind völlig verödet. Der Grund sind vielfach die Detergentien, die in stärkerer Konzentration sowohl für Mikroorganismen als auch für Fische giftig sind. Besonders an Wehren, Schleusen und überall, wo das Wasser bewegt ist, auch dort, wo viele Schiffe fahren, wo Turbinen laufen, immer dann, wenn das detergentienhaltige Wasser kräftig mit Luft durchmischt wird, entstehen Schaumberge. Im ruhigen Wasser bilden Detergentien einen Film, der die Sauerstoffaufnahme aus der Luft unterbindet und den Lichtauffall filtriert und damit die Selbstreinigungskraft des Wassers herabsetzt. So ist es am Neckar, an der Ems, an Fulda und Werra, an der Emscher, Lippe, Vechte, an der Steinfurther Aa, an der Ruhr und an vielen anderen Flüssen.

Detergentien sind die chemischen Waschmittel und Textilhilfsmittel – also z. B. Pril, Lux, Seti, Schauma, Uhuline, Badedas u. a. und die Ausrüstungs- und Appretierungsmittel –, also vieles von dem, was die Inseratenseiten der Illustrierten füllt und was tatsächlich die Haushaltsarbeit erleichtert und die Stoffe griffig macht.

Der Landschaftsverbrauch am Rhein wurde um einer Schiffahrt willen begonnen, die heute weniger Güter transportiert, als der Fluß an Unrat mit sich führt.

Eigentlich sind Detergentien Netzmittel. Der Schaum ist nur eine Begleiterscheinung, die sich nach einigen Kilometern verliert. Nicht verliert sich die Wirkung auf die Beschaffenheit des Wassers, auf die chemische, biologische und physikalische Zusammensetzung.
Wir wissen zwar, daß die Netzmittel auf dem Wasser für Pflanzenwachstum, für Fische und fischfressende Vögel, für die Kleintierlebewelt im Wasser schädlich oder gar tödlich sind. Wir wissen, daß die Netzmittel schlecht oder gar nicht abbaubar sind. Also wissen wir auch, daß mit dem zum Trinkwasser aufbereiteten Flußwasser, und das sind etwa 30 % des Bedarfs, Spuren von Detergentien auch in den menschlichen Organismus gelangen. Sicher sind sie dem menschlichen Körper zunächst nicht schädlich, sonst könnten wir ja damit nicht unsere Teller spülen – aber es ist nur eine Frage der Zeit, wann ein bestimmter schädlicher Sättigungsgrad erreicht sein wird. Es ist das gleiche wie mit den Pflanzenschutzmitteln, wie mit den Insektiziden, wie mit der Radioaktivität des Wassers, die nachweisbar nach jedem Kernwaffenversuch anstieg.
Abwässer, Detergentien, Kohlen- und Industrieschlamm und Radioaktivität verbieten von selbst das Baden im freien Wasser. Die neben den Flüssen erbauten Becken mit mehr oder weniger sorgsam gereinigtem und erneuertem Wasser gehören zu den blamabelsten Zeichen unserer Schande. Sie bleiben Mahnmale verbrauchter Landschaft, wenn sie auch noch so schnittig geformt scheußlichfröhlich türkisblau zum Himmel strahlen!
Wenn wir Verbrauch lediglich als eine Verminderung der Menge betrachten wollen, dann allerdings wird Wasser in der Landschaft nicht verbraucht. Der Kreislauf bleibt sich – genau weiß man es nicht – wohl immer mengenmäßig gleich. Selbst getrunkenes Wasser, selbst Schweiß, Blut und Spucke bleiben Wasser – Flüssigkeit jedenfalls, die nach dem Eindringen in den Boden, nach Durchlauf durch Erden und Gesteine, nach kapillarem Aufsteigen durch Wurzeln, Stengel, Stämme und Blätter und nochmaligem Kreislauf über Verdunstung und Niederschlag beim Austritt als Grundwasser und als Quelle vollkommen erneuert ist. Im gleichen Verhältnis, wie mehr Menschen geboren werden und die Auswirkung ihrer Tätigkeit sich vervielfacht, verkürzt sich die Zeit, die dem Wasser zu seinen Reinigungsläufen gegeben werden kann. Im Zeitmoment liegt der Verbrauch!
Die besten Indikatoren für die Beschaffenheit des Wassers sind die Fische. Ändert sich der Sauerstoffgehalt nur um 1–2 Milligramm je Liter, verringert oder erhöht sich die Temperatur nur um einige Grade, durch zu schnelles Dahinfließen oder durch den Einlauf warmer Abwässer, dann ist ein Wasser bereits »verseucht«! Die Fische wandern ab, oder sie sterben. Das Einführen zu warmer Abwässer und das Einschütten von Atommüll und die Anreicherung mit Pflanzenschutzmitteln nach großen Spritzaktionen haben bis jetzt zu den größten aller

Schwierigkeiten geführt. Die jüngsten Meldungen vom großen Fischesterben im Mississippi-Delta, wo bisher zwei Drittel der Süßwasserfische ganz Nordamerikas gefangen wurden, sprechen eine beredte Sprache!

Wertvoller Fischbestand: Forellen, Karpfen, Schleie, Hechte, Plötzen, Barsche, reagiert auf die Übersäuerung des Wassers und auf toxische Stoffe stets – bei zu warmen Wassertemperaturen aber bestimmt mit Tod.

Natürlicherweise bleibt das Wasser in den Tiefen kühl, selbst bei jahreszeitlicher Oberflächenerwärmung. Die belastenden Abwässer aber erwärmen von der Tiefe des Flußbettes aus.

Bei der Algenbekämpfung, die, wenn der »Haushalt der Natur« im See schon gestört ist, mit recht hohen Gaben von Kupfervitriol vorgenommen wird, sterben viele Fische – besonders wenn das Wasser weich und warm ist.

Vor 50 Jahren wurden im Oberrhein noch jährlich 4000 Lachse gefangen, heute kaum noch 500, und die schmecken nach Chemikalien, besonders nach Phenol. Die Süßwasserfischerei, früher ein einträglicher Beruf, ist zu einem teuren Sport geworden, für den jährlich Fischbrut in Bäche, Flüsse und Seen ausgesetzt wird. So wird wenigstens »etwas« von dem verlorenen Reichtum an die verbrauchten Gewässer unserer Landschaft zurückgegeben.

Die Speiche

Von der Straße aus betrachten wir die Landschaft als bewegtes und bewegendes Bild. Wir schauen von der Straße beteiligt oder auch unbeteiligt auf die Landschaft wie Zuschauer auf die Bühne.
Eigentlich ist aber die Straße, auf der wir uns bewegen, die Bühne; und was in der Landschaft ist, sieht auf uns: Agierende sind, die sich auf der Straße bewegen. Diejenigen, die sich von dort her Übersicht verschaffen, tragen die Verantwortung für beide – für die Landschaft und für das Bauwerk.
Straßen sind Anteil der Landschaften, so wie alle Bauten, alle kulturtechnischen Werke Anteil an der Beschaffenheit des Landes haben. Mit jedem Bau wird das ganze Land beunruhigt, von der Tiefe des Bodens bis zu den Winden, die darüberstreichen. Das Wasser, die Tiere, die Pflanzen reagieren als Gemeinschaften und als einzelne jeweils in ihrer Art. Die Reaktion entspricht dem Grad der Beeinflussung und der Veränderung. Jedes Bauwerk ist ein Eingriff, ein Sich-Einmischen, ein Etwas-an-sich-Bringen.
So erschließt die Straße das Land und bringt Land an sich. Des Menschen Stellung ist nicht unentschieden zwischen Straße und Landschaft: er geht, er fährt und er – steht über beiden. Die Straße ist der bestimmende Antritt, um Landschaft zu beherrschen. Von der Straße aus machte sich der Mensch das Land untertan, eroberte er sich Wirtschaftsraum und Fluren. Mit der Straße unter seinen Füßen erwirbt der Mensch Freiheit – Bewegungsfreiheit. Es liegt allein an ihm, ob er dabei »Spielraum« gewinnt – oder das Leben verliert.
Die ersten Spuren drückten Tiere mit ihren Körperformen in den Boden der Erde. Ihre regelmäßige Nahrungsuche, ihr Gang zum Wasser, ihre Flucht hinterließen Fährten im weichen Grund. Halme wurden geknickt, und wiederholt gestreifte Äste zeigten verändertes Wachstum.
Diesen Wildtierpfaden folgte der Mensch als Jäger und Sammler. Schnell schloß sich der Schlupf, wenn er nicht oft begangen wurde.
Als der Mensch sich auf sein Reittier schwang, mit dem er vom Lagerplatz oder von der Hofstatt aus, und dorthin zurückkehrend, mehr Übersicht gewann, als er weitere Strecken durchmessen konnte, vertieften sich die Spuren seiner Be-

Von der Straße aus machte sich der Mensch das Land untertan, eroberte er sich Wirtschaftsraum und Fluren. Mit der Straße unter seinen Füßen erwirbt der Mensch Freiheit — Bewegungsfreiheit. Es liegt allein an ihm, ob er dabei »Spielraum« gewinnt — oder das Leben verliert.

wegung. Das oft betretene Gras blieb kurz, blieb aus. Die Richtung durch den Busch war dadurch gezeichnet. Der Weg selbst jedoch wurde bestimmt durch die Hindernisse, die es zu umgehen galt. Der direkte Weg ist meist nicht der gefahrlose.
Das Mitnehmbare an Lasten und Geräten auf dem Reittier, dem Tragtier, dem Saumtier war nach Menge und Gewicht beschränkt.
Das Schleppen von Bäumen und Ballen – auf krummen Ästen zuerst, später auf Laufhölzern, aus denen Schlitten mit Kufen wurden, die über Schnee, Eis, Sand, Schlamm und Gras glitten – bestimmte die frühen Wegbreiten.
Die Walze, noch heute zum Rollen von Collicos benutzt, ist ein Urahn des Rades. Zwei in der Mitte geteilte Walzen, die allmählich zu Scheiben aus vollem Stammholz wurden, waren noch im Gebrauch, als längst von irgendwoher – sicher aus Gegenden früher Hochkulturen – die Speiche dem Wagenrad jene Elastizität und Leichtigkeit gegeben hatte, die selbst vom Auto – dem jüngsten Straßenkind – noch übernommen wurde. Der Rückgriff auf die Scheibe ist dabei sicher keine Zufälligkeit, sondern eine Frage der Stabilität des Mobils.
Das Rad steht nicht nur vom Wortstamm her in Beziehung zu (lateinisch) rotundus und rotieren, also zu scheibenförmig und sich (um eine Achse) drehen. Rad in Verbindung zu (indogermanisch) roto und reth bedeutet auch rollen, kullern und laufen.
Das Wort Rad finden wir eingebunden in gerade, was ursprünglich in der Bedeutung von schnell und behende gebraucht wurde. Eine phonetische Ableitung ist rasch. Dieses Wort finden wir in Überraschung wieder.
Einbezogen ist das Wort Rad in Radius, das außer der Bedeutung Halbmesser (in Beziehung zur Radgröße) auch neben Stab, Stahl, Speiche und Nagel (spikes) steht. Reiten bedeutet vom Stamm her auch: fahren, bereit sein, vorbereiten und fertigen und kehrt im (gallischen) reda als vierrädriger Wagen wieder zum Rad zurück.
Trotz des Bogens, den wir eben geschlagen haben, erhellt uns sein »Radius« nicht den Ursprung des Rades. Es rollt, wie das Sonnenrad, aus dem Dunkel der Vorgeschichte herauf und tritt – dem Tagesgestirn gleich – seinen unaufhaltsamen Siegeszug an.
Die Speiche, die das Rad schnell gemacht und den Wagen vorbereitet hat, bestimmt den Lauf der Geschicke im Maß der Bewegung. Den Rollbahnen und Schienensträngen gilt der weitaus größte Anteil aller in der Landschaft aufgewendeten baulichen Anstrengungen. Rund 345 265 Hektar Landes sind in Deutschland versteint; das heißt, sie dienen als Autobahnen, Bundesstraßen, Landstraßen und Wirtschaftswege dem Transport von Gütern und Menschen.
Die Eisenbahnkörper beanspruchen weitere 33 230 Hektar nutzbaren Landes für ihre Leistungen.

Die Straßen und die Schienenwege folgten bisher dem geringsten Widerstand. Wie die Fußwege umgingen sie die Steigungen, liefen im Tal, querten Flüsse an der engsten Stelle, machten weite Bogen um moorigen Grund. Der Neigungswinkel von Anstieg und Gefälle richtete sich nach der Kraft des Antriebs, nach den Pferdestärken, die bis heute – allerdings nur noch als Meßwerte – über unsere Straßen laufen. Es sind ihrer mehr, viel mehr geworden; sie rollen heute millionenfach auf harten, reibungsresistenten, fugenlosen Flächen bergauf und bergab, quer über Berg und Tal. Hindernisse werden angenommen, nicht umgangen. Die neuen Perspektiven der raschen Speichen bergen Überraschungen und Gefahren! Doch nicht genug – unentwegt verlangt die Speiche neue Bahnen, breitere Straßen. Kleeblätter, Dreiecke, Überführungen, Untertunnelungen und Umgehungen beißen tagtäglich vom Wald, vom Feld, vom Berg erhebliche Stücke ab. Selten wird eine überflüssige Straße aufgehoben und der Flur oder dem Forst zurückgegeben.

Zuerst erschlossen die Straßen das Land, sie verbanden Haus mit Haus, Ort mit Ort. Sie waren breit genug für die Pferdewagen und so befestigt, daß sie dem Druck des Fahrzeugs und der Reibung der rollenden Räder standhielten. Die Landstraße war staubig, doch beschattet von oft vier bis acht Reihen Bäumen. Flinke Pferde zogen Räder über Steine, langsame Räder mahlten im Sand der Sommerwege. Das Reisen dauerte lange. Bäume als Schattenspender, Bäume als Windbrecher, Bäume als Maßstab der langsam nur zu gewinnenden Strecken wurden gebraucht. Das Regenwasser versickerte in der Straße selbst oder verlief sich in seitlichen Gräben. Die Wurzeln der Straßenbäume fingen es auf. Wohl gab es Löcher und Pfützen – Frostaufbrüche gab es nicht. Der Bau der Straßen entwickelte sich aus den Bedürfnissen und nach den Gegebenheiten der Landschaften in langsamer Menschenarbeit fast organisch. Die Straßen blieben angeschmiegt an die Topographien und dem biologischen Gleichgewicht weitgehend verhaftet.

Heute wird für den Bau der Straßen Packlage, Eisenflechtwerk, Beton, Teer, Kies, Sand u. a. in großen Mengen gebraucht. Wälder werden abgeholzt, ganze Berge werden gesprengt, Kiesgruben öffnen ihre Mäuler mitten in grünen Matten – um irgendwo anders mit den Produkten dieser Zerstörung den Verkehrsteilnehmern die »Schönheit der Landschaft« zu erschließen. Walzwerke verriegeln liebliche Täler, damit aus ihrer Produktion irgendwo anders Brücken, Schienen und Armierungen gebaut werden – für den Verkehr. Bergwerke reißen tiefe Wunden, damit Teer gewonnen, Kalk gemahlen und Beton gedämpft werden kann – für den Verkehr.

Dämme, Traversen, Brücken und Einschnitte, Anschnitte, Kehren – für den Verkehr – greifen tief in das Gefüge der Landschaft ein, trennen, was zusammengehört, spalten Einheitliches zu Bauabschnitten.

Dämme, Traversen, Einschnitte und Anschnitte greifen tief in das Gefüge der Landschaft ein, trennen, was zusammengehört, spalten Einheitliches zu Bauabschnitten.

Die Landschaft wird dabei verbraucht, selbst wenn flächenmäßig nicht viel verloren zu sein scheint gegenüber dem unbestreitbaren Nutzen, den eine rasche, mühelose, staubfreie, motorisierte Fortbewegung – noch dazu mit schöner Aussicht – bietet. Die Fahrgeschwindigkeit ist inzwischen so hoch, daß Häßliches, Verbrauchtes, Liegengebliebenes fast unbemerkt am Auge vorbeifliegen. Fehlende Bäume, ungepflegter Vordergrund, veröderter Straßenraum und die Leitplanken entgehen der vom Radius der nächsten Kurve gefesselten Aufmerksamkeit. Vom Rad und vom Radius wird bestimmt, was uns bleiben soll.

Ein Damm, durch ein Moor geschüttet, um eine Straße oder die Schienen zu tragen, teilt nicht nur die Fläche, sondern auch den darüberstehenden Verdunstungsmantel. Kaltluftsäcke im Sommer, verfrühte Fröste im Herbst, Schneewächten im Winter verändern Bodengare und Nutzungswerte. Der Druck des Dammes staut das Wasser, der Boden wird kälter und saurer. Der Bewuchs verändert sich. Der kapillare Grundwasserumsatz schwankt von Meter zu Meter. Neue kulturtechnische Maßnahmen werden erforderlich – eine Kette ohne Ende. – Bei einem Hanganschnitt wird der Warmluft der Auftrieb verlegt. Oberhalb wächst weniger als darunter. Von Ungeziefer – Blattläusen und Spinnen – befallene Pflanzen zeigen Störungen an, die nicht nur vorübergehend sind.

Quellen und Grundwasser werden am Hang und im Einschnitt angeschnitten. Sie gefährden den Halt der Straße. Die Wasser werden gesammelt, verrohrt und schnell abgeleitet. Dies Wasser fehlt, der Bewuchs verarmt. Blühende Wegraine verschwinden aus dem Landschaftsbild. Die Eisenbahnflora trockensten Steppencharakters zwischen saftigen Feldern und selbst im Laubwald beweist das Ausmaß des Eingriffs. Nie gleicht sich das aus.

Hoch hinauf und tief hinein muß die Erde unter und neben der Straße versteint werden. Ihrer Festigkeit muß jedwede Vegetation geopfert werden, die den Damm locker, die Aussprengung rissig machen könnte.

Die Baggerseen, nahe den großen Verkehrsadern durch Kiesentnahmen entstanden, sind willkommene neue, auch leidlich hygienische Bademöglichkeiten. Sie sind ja mit Grundwasser vollgelaufen. Ihre Umgebung aber zeigt eben deswegen landschaftsfremde Steppenflora, der bauseitig mit Pappelplantagen und buschigen Weiden »verschönernd« aufgeholfen wird. Die Verbindung zwischen der kultivierten Landschaft und der verbrauchten Landschaft wird aber weder so noch anders wiederhergestellt werden können.

Europa ist entlang der Straßen besiedelt worden. Später übernahm die Eisenbahn diese Funktion. An Eisenbahnknotenpunkten entwickelten sich verdichtete Ansiedlungen, die durch keinerlei landschaftliches Angebot begründet sind. Von vornherein sind diese Orte ohne Beziehung zur Landschaft gewachsen. Ihren zunehmenden Raumanspruch vertreten die Einwohner jetzt auch ohne Rücksicht auf nutzbares Umland und meist ohne Verständnis für die Zusammenhänge in der Landschaft. Eine echte Beziehung war nie vorgesehen und kann auch durch nichts mehr nachvollzogen werden.

Jetzt wird Afrika mit Eisenbahnlinien auf weiten Strecken durch bisher dünn besiedeltes, kaum genutztes Land erschlossen. Schon zeigt sich, daß die Verkehrsader Ansiedlungsreiz ausübt. Die Möglichkeit schneller Abtransporte verstärkt den Fruchtanbau längs der Bahn. Zum Bahnbau wird gerodet, und natürlich ist es leichter fortzufahren, wo mit Roden schon begonnen ist, nun aber, um Anbauland zu kultivieren und über das bisherige Maß hinaus auch die Viehhaltung zu vermehren.

Wo die Landschaft aus rein wirtschaftlichem Denken und von technischen Zufälligkeiten her ziemlich raschen Strukturwandel erfährt, verarmt die Bevölkerung an den unvermeidlichen Rückschlägen. Das Abwandern ist leicht gemacht durch die Bahn. Afrikas »Nomaden« kamen durch die Speiche in Bewegung mit weitem Radius. Der Instinkt für die Landschaft geht dabei verloren.

Amerika hat der Speiche viel Wald und viel Kraft geopfert – und tut es noch. Es begann mit den Eisenbahnschwellen; über Zehntausende von Kilometern alle 65 cm ein Holz von durchschnittlich 2,50 Meter Länge. Alle Stationen, ob in der Stadt oder auf dem Lande, wurden – zunächst jedenfalls – aus Holz erbaut. Das war nichts Besonderes. Die Städte der Kolonialzeit waren alle aus Holz, und heute noch ist Holz dort ein bevorzugter Baustoff. Doch auch für Straßenpflaster schien Holz der »natürliche«, der gegebene Werkstoff zu sein, und selbst die Brücken, die dem Verkehr zu dienen hatten, waren anfangs alle aus Holz.

Bei einer Gesamtbevölkerung der Vereinigten Staaten von Nordamerika von 190 Millionen Menschen laufen dort rund 82 Millionen Kraftwagen, 68 Millionen davon sind Personenwagen. Praktisch besitzt jede amerikanische Familie ein Auto, mehr als die Hälfte aller Familien besitzen zwei oder mehr Autos. Wenn dieses Verhältnis beibehalten wird, werden in 20 Jahren bei einer Bevölkerungszunahme auf 267 Millionen, die errechnet wurde, wenigstens 115 Millionen Autos fahren. Ein Auto bedeckt in Deutschland zwischen 6 und 10 qm. Amerikanische Straßenkreuzer bedecken je Fahrzeug im Minimum 10 qm. Für ein parkendes Auto deutscher Bauart müssen aber einschließlich Türenradius und Rangierfläche in der Flächenberechnung bereits 25 qm zugrunde gelegt werden, in Amerika dementsprechend mehr.

Amerika startete 1956 ein High-Way-Ausbauprogramm, von dem heute 40 % abgewickelt sind. In knapp 10 Jahren sollen 66 000 Kilometer autobahnartige vierbahnige Straßen alle Städte mit mehr als 50 000 Einwohnern untereinander verbinden, und zwar kreuzungsfrei. Das übrige Straßennetz der Vereinigten Staaten hat eine Länge von 5 462 000 Kilometern. Mit dem neuen High-Way-

Vom Fahrzeug geht eine viel weiter reichende Beunruhigung des Landschaftsraumes aus, als es der bebauungsfreie 50-m-Streifen rechts und links der Fahrbahnen andeutet.

System zusammen ist von der Grundfläche der Vereinigten Staaten rund ein Zwölftel mit Betonstraßen bedeckt. Großes Amerika! Der Bau des Panamakanal seinerzeit war, hiermit verglichen, ein kleines Unternehmen und ein geringfügiger Eingriff in den »Haushalt der Natur«.
Deutschland wird in den nächsten 20 Jahren mehr oder weniger eine einzige Straßenbaustelle sein. Die bis heute betriebene und fortschreitende Vernichtung an Lebensraum durch das Fehlbemessen der Straßenflächen ist unermeßlich. Das einst so bewunderte Autobahnprogramm erweist sich bereits als überholt, besonders weil seinetwegen der schrittweise, dem Bedarf entsprechende Ausbau der Bundesstraßen vernachlässigt wurde. Nun treffen die fortlaufenden Reparaturen an den Autobahnen, deren Unterbau und Decken der technischen Entwicklung der Fahrzeuge nicht mehr gewachsen sind, mit den Nachholleistungen auf den großen und kleinen Bundesstraßen zusammen. Das ist sowohl wirtschaftlich wie technisch ein Problem, das von seiten der Straßenbauer vielleicht gar nicht zu lösen sein wird.
Die Vorstellung, daß das Ansehen eines Menschen von seinem Besitz abhängt, ist fest eingewurzelt. Das Pferd oder die Anzahl der Pferde, die Kalesche oder der Dogcart, mit denen man sich vorführte, sind vom Auto und seinen PS abgelöst. Der Autobesitz ist häufig mehr eine Prestigefrage als eine Notwendigkeit. Größe und Qualität stehen im allgemeinen Bewußtsein in geradezu primitiver Relation. Was groß ist, ist gut. Die vorgegebene Güte des Produkts muß durch seine großartige »Verpackung« ausgedrückt werden. Je jünger eine Nation ist, wie in Afrika heute beobachtet werden kann, um so auffallender muß die Repräsentation durch das Auto sein.
So nimmt nicht nur die Anzahl der fahrbaren Untersätze zu. Jedes einzelne Vehikel nimmt von Jahr zu Jahr mehr Grundfläche in Anspruch, ohne daß die Bequemlichkeit des Ein- und Aussteigens, des Sitzens und die gleichzeitige Beförderung von Gütern wesentlich günstiger werden. Von einem Mangel an Verantwortung – gegenüber Straßenraum und Landschaft – zeugt es, daß mehr als die Hälfte aller auf den Straßen befindlichen Fahrzeuge halb leer ist. Die Transporter fahren häufig leer zurück; Lieferwagen leeren sich während der Fahrt und transportieren schließlich nur Behälter. Der Nachbarschaftsverkehr nimmt, zusammen mit dem Pendelverkehr der Belegschaftsbusse, zwei- bis viermal am Tage wenigstens 30 % des gesamten Verkehrs ein.
Außer in den ausgesprochenen Ferienzeiten sind in Personenwagen von vier Sitzen höchstens zwei besetzt, der Kofferraum ist leer, und den Motor trägt man vor sich her. Wäre beim Personenkraftwagen der Motor unterm Coupé und der Gepäckraum darüber, so gäbe das zwar völlig neue Abmessungen, sie könnten sich aber auf den zukünftigen Flächenbedarf der Straßen günstig auswirken.
Die Investitionen, die in Bahnkörpern, Gleisanlagen, Dämmen und Über-

brückungen – ob sie nun eine Zierde sind oder nicht – seit hundert Jahren festliegen, sind schlecht verzinst. Aber sie fortzunehmen, wäre ganz unwirtschaftlich. Der Landschaftsverbrauch im großen und ganzen würde dadurch nicht aufgehalten. Statt jedoch die Zugausstattung, die Zugfolge, den Zeitplan, die Strecken und die Triebwerke den Bedürfnissen anzupassen, wird hektisch an neuen Landschaftsversteinerungen mit mehr Aufwand gearbeitet, als nötig wäre, um das gesamte bestehende Schienennetz zu ergänzen und zu modernisieren. Nur mit den Massenverkehrsmitteln: Zug, Allwegbahn, Untergrundbahn und ähnlichen, kann das Verkehrschaos in den Städten und in den Landschaften, besonders in der Nähe der Städte, zukünftig bewältigt werden. Es hat keinen Zweck, sich darüber Illusionen zu machen oder wissentlich falsche Berechnungen anzustellen. Der Gütertransport wird zur Entlastung der Straßen ohnehin besser bald wieder ganz auf die Bahn umsteigen. Mit den »Von-Haus-zu-Haus-Caissons« ist ein etwas schwerfälliger Anfang gemacht.
Militärische Fahrzeuge aber gehören gar nicht auf öffentliche Straßen. Wenn es wirklich notwendig sein sollte, daß vom Standort weitabgelegene Orte zu Übungen aufgesucht werden, warum werden die »Heerscharen« nicht verladen? Panzertruppen sollen dort stationiert werden, wo sie üben können oder müssen. Muß denn um der abendlichen Unterhaltung willen die Kaserne im Ort liegen, der Übungsplatz aber kilometerweit im Lande? Der Landschaftsverbrauch, der mit Manövern im Zusammenhang steht – das Befahren von Wiesen und Äckern, Seeufern und Feldwegen mit Kettenfahrzeugen, deren Gewicht die Grasnarbe aufreißt, für Jahre die Böden verdichtet, natürliche Wasseradern mit den kapillaren Aufstiegsröhrchen verdrückt, Dränagen und andere kulturtechnische Unterbauten zerstampft – sind mit Geldbeträgen nicht zu beheben.
Die NATO und ihre Verbündeten, also wir, müssen nicht unbedingt »den Krieg« ausgerechnet an den Stellen mit uns selber führen, wo wir zu Tode verletzlich sind – in den noch unberührtesten Teilen unserer Landschaften.
Obwohl es offensichtlich ist, daß, im Vergleich zu dem mit dem Flugzeug erreichten Effekt an Geschwindigkeit, der Flächenverbrauch auf dem Boden verhältnismäßig gering ist, wächst der Landschaftsverbrauch durch die Fliegerei doch ins Ungeheuerliche. Auch aus der Luft ist Landschaft zu verbrauchen. Die breiten Flugschneisen der hochfliegenden, mit der Regelmäßigkeit einer Uhr die Landschaften kreuzenden Verkehrsmaschinen sind daran allerdings weniger beteiligt. Die Militärmaschinen und die Sportflugzeuge, die dicht über den Wipfeln der Bäume die Rehe schrecken, die Kühe jagen, das Vogellied verstört abbrechen lassen, erfüllen den Luftraum mit einem Getöse, dem keine Kreatur sich entziehen kann. Dieses Verbrauchsproblem wächst überhaupt erst auf uns zu.
Die Landschaft braucht immer Zeit zur Regulierung von Unordnung und Beunruhigung.

Zeit kann ebensowenig verlängert bzw. verkürzt werden, wie Land vermehrt werden kann.
Weil eben Zeit nicht käuflich ist, wird die technische Vervollkommnung allein auf die Erhöhung der Geschwindigkeit abgestellt, ist auch der gesamte Ausbau der Straßen auf die rasende Drehung der Scheiben und Speichen bezogen. Die Trassierung eines Verkehrsweges entspricht primär immer der Benutzungskapazität und der Kraft der Fahrzeuge, und zwar auch dann, wenn es so aussieht, als sei sie vordringlich um der Landschaft willen so geführt.
Vom Fahrzeug geht eine viel weiter reichende Beunruhigung des Landschaftsraumes aus, als es der bebauungsfreie 50-m-Streifen rechts und links der Fahrbahnen andeutet. Längs der Autobahnen sind diese Freizonen obligatorisch. An den französischen Landstraßen bleibt aus den gleichen militanten Erwägungen, die Napoleon schon bewegten, nicht die Bebauung, sondern der Wald der Straße fern. Überraschungen aus dem Hinterhalt sind auf dem sternförmig nach Paris laufenden, den Verkehr durchaus noch bewältigenden, baumbesäumten Straßennetz unerwünscht.
Kein natürliches Ufer, keine Seeterrasse, kein Kirchenportal, kein altstädtischer Marktplatz, kein Kurbezirk, keine Aussichtskanzel, keine Strandpromenade, keine Fischerinsel und kein Bauerngasthof kann heute noch ohne mehr oder weniger sorgfältig aufgestellte Wagenreihen besucht werden. Das Problem des ruhenden Verkehrs ist keineswegs allein ein großstädtisches. Es ist überall im Lande anzutreffen. Viel Landschaft wird vom ruhenden Verkehr ganz einfach schon dadurch verbraucht, daß er – über seinen tatsächlichen Flächenbedarf hinaus – die Landschaft ihres optischen Eindrucks völlig beraubt.
In den Großstädten beginnen die Geschäftsinhaber zu begreifen, daß mehr Einkaufslust von einem zu Fuß die Auslagen betrachtenden Publikum zu erwarten ist. Die Hotelbesitzer und die Gastwirte der Sommerfrischen glauben noch, es locke mehr Gäste herbei, wenn viele Autos vor der Kaffeeterrasse an- und abfahren. Innerstädtische Fußgängerbezirke setzen sich durch. Früher als in der »Provinz« wird dort der Schönheit und Belehrung suchende »reisende Verkehrsteilnehmer« wieder die Proportion eines Straßenraumes, einer platzartigen Straße, einer Hof- und Kolonnadenverkettung ohne stehendes und fahrendes »Blech« genießen können. Ein städtischer Organismus mit seinen Kunstwerken oder Altertümern wird zu Fuß besser erkennbar, denn er ist ja auf menschliches Maß bezogen – nicht auf das des Automobils.
Der Anteil Straße im Verhältnis zum Hochbau in einer Stadt von 2 Millionen Einwohnern ist etwa 1 : 3. Selbst wenn es theoretisch möglich wäre, das Verhältnis zugunsten der Straße zu verschieben, wäre niemandem damit gedient. Die Stadt würde dadurch ihren urbanen Charakter verlieren. Es wird also künftig ganz zwangsläufig zu Wagenabstellplätzen am Stadtrand oder in den äußeren Bezirken

kommen. Auch die Umgehungsstraßen haben sich ja unmerklich eingeführt, ohne daß dabei die Wirtschaft der Orte zusammengebrochen wäre. Wenn weder ortseigene noch ortsfremde Autos mehr in die Städte einfahren können, werden auch jene Wohngebiete profitieren, die als Wohnlandschaften gemeint sind und darum weitläufig bebaut blieben. Deren Bewohner glauben allerdings heute noch, mit dem Auto ins Bett fahren zu müssen. Gartenstädte und ländliche Wohnbezirke sind ein unsozialer Verbrauch der Landschaft, wenn dort nicht die Gärten, sondern die Autos die Oberhand gewinnen – und so weit kommt's!
Weit mehr als in den großen Städten mit ihren entsprechenden Straßenbreiten beeinträchtigt der Durchfahrtverkehr das Leben in den kleinen Städten. Ihre Einwohner wissen aber nicht mehr, wie glücklich sie waren, als sie noch zu Fuß gingen. Die Flächenabmessungen der Städte bis 5000 Einwohner würden das Abdrosseln des Fahrverkehrs in Stadtrandnähe durchaus erlauben.
Reiten gilt als Sport für Wohlhabende. Den Stahlesel zu treten, ist auch sehr chic. Im Fahrwind, an der Seite rasch dahineilender Autos zu trampeln und lärmumtost Auspuffgase einzuatmen, kann aber kaum Sinn der Sache sein. Radfahrer und Fußgänger auf gemeinsamen Wegen seitab am Wald oder auf den ohnehin bald schon durchweg befestigten Wirtschaftswegen zu führen, ist eine Frage der Organisation und der Überlegung wohl wert.
Nicht alle Leute wollen weit und schnell fahren. Sie wollen nur in den Genuß ihres Besitzes – ihres Autos – kommen. So finden wir immer häufiger Autos auf Forstwegen, tief in den Wald gefahren, sehen Autos im Schilf, sehen Autos am Bach, in der Wiese. Daneben ruhen die Insassen. Ist das Landschaftsverbrauch oder berechtigter Gebrauch dessen, was allen gehört?
Die Ereignisse überholen uns. Schneller ist Schaden verursacht als verhindert oder gutgemacht. Wo bisher der Mensch sachte mit Händen und organisch angepaßt bauend Land beschaffte, muß heute der Kopf planend Vorsorge treffen. Der zunehmende Verbrauch landschaftlicher Ausgewogenheit weist uns darauf hin, daß die Zeitfragen nicht nur als Fragen des »rollenden Einsatzes« a tempo zu lösen sind.

Die Hufe

Dort, wo das Heer Alexanders des Großen auf seinem Wege nach Indien sich im 4. Jahrhundert vorchristlicher Zeit durch das vorderasiatische Land wälzte, müssen – Schilderungen zufolge, fruchtbare Landstriche gewesen sein. Heute findet sich dort keine Ansiedlung, kein Feld – nur mehr Wüste.
Ein Feldlager brauchte zu jener Zeit Jahre zum Wandern. Es führte als Fourage lebendes Vieh – Schafe, Rinder und Ziegen – mit sich. Pferde zum Tragen und Pferde zum Reiten und Pferde zum Ziehen. Alle diese Tiere wurden von dem, was das Land gerade bot, satt gemacht. Für Unterkünfte und Palisaden wurde Holz eingeschlagen. Zur Sicherung und zum Abkochen brannten Holzfeuer Tag und Nacht. Was die Tiere vom Bewuchs nicht fraßen, wurde verbrannt: Bäume, Sträucher, Gestrüpp. Bald danach, vielleicht schon in der nächsten Regenperiode, schoß ohne den sichernden Bewuchs das Wasser heran und brachte Steinlawinen mit. Die bedeckten, was nahezu von Vegetation entblößt war. Dem Vorrücken des Sandes über ausgehagerte Landschaften stand nun nichts mehr im Wege.
In Indien, das Alexanders Ziel war, sind noch heute die Kühe heilige Tiere. Überall im Lande wandern sie, unangetastet, jedoch auch ungepflegt und mager, mit milchlosen Eutern und immer hungrig. Streckenweise ist kein erreichbares Blatt, kein Abfall, keine Hecke, kein Garten oder Feld vor ihnen sicher. Sicher sind nur die Kühe – und sie sind ein wirtschaftliches Problem.
Alexanders Eroberungszüge sind lange vorbei, und Indien ist möglicherweise in dieser Beziehung rückständig. Die Probleme Afrikas stehen uns jetzt näher. In der Südafrikanischen Union, einem Gebiet von 1 Million Quadratkilometer, unterliegen weite Gebiete der Aushagerung. Daran sind nicht die Weißen schuld, die als Kolonisten in irgendwelcher Sache kamen, sondern die einheimischen Bantuneger selbst. Die Bantus sind noch Nomaden. Sie ziehen mit ihren Herden in bis dahin ungenutzte Gegenden weiter, wenn die beweideten Strecken verbraucht sind; und die sind es dann im wahrsten Sinne des Wortes. Die Gründe sind zertreten, so daß Bewuchs nicht mehr aufkommt. Gebüsche, Unterholz im Wald, Kräuter des Waldes werden mit abgeweidet, schließlich ist auch das Baumholz zum Brennen verbraucht und das Laub vertilgt; und dann erst geht's weiter.

Die Hufe, die sich bei Nässe fest in den Grund drücken, verdichten den Boden und treten Barstellen. Das Niederschlagswasser läuft in zu raschen Kaskaden zu Tal — oder kommt auf Verdichtungen zum Stillstand und versäuert den Boden.

In Kenya ist der von den Eingeborenen gehaltene Viehbestand um das 5- bis 10fache größer, als es normalerweise die Weideflächen erlauben würden. Das ist die Regel in Afrika, keine Ausnahme. Der Übergriff auf den Wald (als Weidereserve) ist die Folge, und der Verbrauch des wasser- und klimaregulierenden Landschaftsfaktors ist das Ergebnis. Futteranbau war als Wirtschaftsform bisher nicht notwendig. Aber wenn es weiter so an seine Landreserven herangeht, wird bald auch Afrika mehr Land noch zur Kulturlandschaft umschaffen müssen. In 50 Jahren wird selbst in Südafrika vielleicht schon nicht mehr genug Ackerboden für die Ernährung der schwarzen und weißen Bevölkerung vorhanden sein. Zu viel Land ist dort beweidet, zuwenig intensiv bewirtschaftet, also beackert.

Land, über das jahrhundertelang die Tritte der Herden gegangen sind, ist so verfestigt, so unporös, daß rauschende Regen, ohne tief einzudringen, darüber ablaufen. Auch der durch die Beweidung zerstörte Wald kann in seiner Eigenschaft als Niederschlagsregulator nicht mehr wirksam sein.

Auch dort aber, wo von Natur kein Wald ist und der Boden gegen den flüchtigen, raschen, den stampfenden Schritt der Hufe dank einer überstarken, federnden Humusdecke unempfindlich ist, in den Grasgebieten Afrikas und besonders auf den Prärien Nordamerikas, wurde durch den Abschuß der Wildherden Landschaft verbraucht. Natürlich sind die riesigen Grasflächen wirtschaftlich im gleichen Sinne weitergenutzt worden. Pferde, Rinder und Schafe haben die Wildherden dort abgelöst.

Der Wildbestand einer Landschaft reguliert sich an der Futterbasis von selbst. Wird das Futter zuwenig, wird es einseitig, sind die Winter unverhältnismäßig hart und läßt das Frühjahrswachstum auf sich warten, dann reduziert sich die Zahl der Tiere. Es kommen Krankheiten, Raubwild räumt unter den geschwächten Tieren auf, der Nachwuchs ist für mehrere Jahre gering.

Bei Herden, die, wenn auch in relativer Freiheit gehalten, gegen solche »Grausamkeit der Natur« behütet werden, vermehrt sich der Bestand wunschgemäß. Dementsprechend wird die Futterbasis überbeansprucht. Immer früher und immer länger grast das Vieh. Bis auf die Wurzeln herunter wird das Gras verbissen. Das Wachstum kommt zögernder und wird karger. Das Futter wird qualitativ schlechter. Das Vieh braucht darum mengenmäßig mehr. Der kümmerlich bedeckte Boden wird vom Regen und Schnee angegriffen, fortgeschwemmt, im Sommer ausgedörrt und vom Wind erfaßt.

Das Tier hat Anteil an der Beschaffenheit des Landes. So, wie es von ihrem Wohl und Wehe abhängig ist, so beeinflußt es seinerseits die Struktur der Landschaft. Aber dem Tier ist keine Entscheidung gegeben. Das Tier bleibt trotz seiner Seelenhaftigkeit passiv an die Gesetzmäßigkeiten des Natürlichen inmitten der Landschaften gebunden.

Kein empfindsameres und unbeirrbareres Manometer hat der Mensch in all seiner Betriebsamkeit gegenüber den Gefahren, die seinem eignen Fleische drohen, als den Zustand und die Reaktion seiner Tiere.

Dem Stallvieh wird der Instinkt für die Qualität seines Futters aberzogen. Das Wild aber behält diesen Instinkt selbst in der Hege einer genutzten Kulturlandschaft noch zur Genüge. Es zieht eine völlig ungedüngte Waldwiese einer mit Stallmist gedüngten Heuwiese vor.

Nie frißt ein gesundes, an Weidegang gewöhntes Haus-Huftier frisch gedüngtes Gras oder solches, das aus den Exkrementen seiner eignen Art üppig hervorschießt. Eine andre Tierart aber nimmt diese Weidebüschel an.

Das Wild aber verweigert, stehen ihm zur Äsung keine anderen als gedüngte Wiesen zur Verfügung, mineralisch gedüngte Grasflächen und nimmt altgedüngte Weiden dann doch an.

Eine Kuh im Stall frißt im allgemeinen alles, auch staubiges, auch rußiges, auch infiziertes Futter. Sie erkennt nicht, von welcher Art Düngung das Futter im Barren so saftig und fett wurde. Desgleichen der Mensch, der oft nicht einmal an der Strenge des Aromas, das aus seinem Kochtopf aufsteigt, erkennt, daß sein Blumenkohl überdüngt ist oder der Wirsing vom Rieselfeld stammt.

Im Dreißigjährigen Krieg, diesem unerhörten wirtschaftlichen und kulturellen Rückschlag, der auf die Spaltung der christlichen Kirche folgte, verschob sich vorübergehend die Ernährungsgrundlage in Deutschland. Die unsicheren Zeiten machten langfristige Planungen, wie sie der Feldfruchtanbau nun mal zwangsläufig mit sich bringt, zunichte. Statt Getreide aß man mehr Fleisch. Schafe, Ziegen, Schweine wurden in so großen Mengen gehalten, daß sie schließlich sozusagen frei in den Wäldern hausten. Zuerst natürlich hatte man sie dorthin in Sicherheit gebracht, falls das Dorf, die Ställe angezündet oder geplündert würden. Aber im Wald, der in weiten Strecken Deutschlands noch Urwaldcharakter trug, richteten die Tiere viel Schaden an. Nicht nur den Bodenbewuchs zertraten und beweideten sie, sie verbissen den Aufwuchs, benagten Buschwerk und Blätter der Bäume, soweit sie reichen konnten, und bissen alle Triebe ab. Der allzu salzhaltige Kot, besonders der von Schweinen und Gänsen, verdarb den Waldboden. Von dem wenigen, was an und im Boden blieb, holten die Bauern als Waldstreu eilig auf ihre kleinen Felder, was sie mit Bedacht als Stallmist nicht hatten vorbereiten können. Der Wald hat diese kriegerische Nötigung bei weitem nicht immer überstanden.

Landschaftsformen, die uns heute ganz naturgegeben vorkommen, sind vom Tier verursacht. Besonders aktiv sind da Schafe und Ziegen, die, anspruchslos, flink und unempfindlich, alles Erreichbare sich zur Nahrung machen. In weiten Teilen des Hessischen Berglandes sind die Hügel heute unbewaldet; ihre grasigen Buckel sind von nichts anderem markiert als von Dorngesträuch: Schwarzdorn, Schlehen, Heckenrosen und Hauhechel. Diese widerspenstigen Pflanzen sind selbst den

Dem Tier ist keine Entscheidung gegeben. Das Tier bleibt trotz seiner Seelenhaftigkeit passiv an die Gesetzmäßigkeiten des Natürlichen inmitten der Landschaften gebunden.

Schafen zu garstig. Alle andere Art irgendwelchen Aufwuchses oder Anfluges aber fällt ihren immer hungrigen Mäulern zum Opfer. Die Wälder wurden schon um 1790 geholzt, als es keine Soldaten mehr nach Amerika zu verkaufen gab. Wie tadellos mit der Maschine getrimmte Rasen ziehen sich die Triftwege, die der Schäfer benutzt, durch die Mähwiesen zu den Höhen hinauf, wo die Herde frei laufen darf. Auch auf dem Wege wird ohne Unterlaß genagt. Wo der Schäfer mit seinen Hunden für seine Herde Verantwortung trägt, trägt er sie gleichzeitig für seine Landschaft.

Wo diese Verantwortlichkeit mangelt, kann es passieren, daß die Ziege, die »nützliche Kuh des armen Mannes«, klein bei klein vom Wegrand aus die Vegetation eines ganzen Landes auffrißt. Wenn irgendwelche alten Hütungsrechte den Minderbemittelten erlauben, »ihr Zicklein in den Wald zu treiben«, beginnt damit die Zerstörung der Landschaft. Griechenland und Kleinasien sind Beispiele dafür. Afrika macht es heute nicht besser. Wurzeln, Blätter, auch Baumrinde reichen dem »genügsamen« Tier, wenn der Grasvorrat auf dem Boden zu Ende ist. Die Genügsamkeit kommt teuer zu stehen.

Die britischen Inseln liefern der Welt seit langem herrliche wollene Stoffe. Große Flächen in Nordengland, in Schottland und Irland werden von Schafen beweidet, die – ohne Hirten – von einem steinumlegten Quartier ins andere wechseln, das ganze Jahr um. Weil die Schafe es so gut haben, werden die Böden sauer. Die Vermoosung der so einseitig genutzten Landstrecken nimmt zu. Das maritime Klima erlaubt allerdings die fortgesetzte Beweidung der Flächen.

Als Unterstand gegen Sonne und gegen den gelegentlich denn doch zu vielen Regen stehen auf den Weiden Gruppen einzelner Bäume, deren Pilzform darauf deutet, daß von unten her das Vieh, soweit es reichen kann, die Blätter und Triebe benagt. Es grasen ja Rinder mit Schafen zusammen.

Schon in der Mitte des 16. Jahrhunderts stellte sich Englands Wirtschaft auf einen Export-Import-Verkehr um, den das Imperium bis heute ausbaute. Um Wolle zu produzieren, wurde in großen Teilen des Landes der Feldfruchtbau eingestellt, wurden Wälder geholzt. Die ziemlich unergiebige Weide mit dem Solitärbaum ist das landschaftlich charakteristische Ergebnis. Es stellt biologisch äußerst einseitige Anforderungen an den Boden und seinen Bewuchs. Lebensmittel wurden über den Wollexport aus dem Ausland importiert.

Heinrich VIII. jagte die Bauern von Haus und Hof, die sich diesen Anordnungen widersetzten. Die Heimatlosen zogen vor die Städte, die ihnen den Zuzug verwehrten. Als Bettler- und Verbrechergilden, als »unehrliche Leute« mit verfemten Berufen, zu denen lange Zeit auch die Weber, die Spinner, die Färber gehörten, waren sie »Begründer der Vorstädte«.

Diese unentschiedenen, unsauberen Ortsausläufer sind heute – nicht nur in Großbritannien – zu allgemein noch ungelösten Aufgaben bei der Stadtentwicklung angewachsen. Denn immer sind es zuerst die Besitzlosen, die weniger Besitzenden, die am Ortsrand ansetzen. Die zweiten und dritten Geschwister, die mit dem Pflichterbe sich auf Acker- oder Gartenland anbauen und ein Handwerk betreiben, das im Zuge der Zeit zur mechanischen Werkstatt und zum Fabrikationsbetrieb wird, verursachen eine zentrifugale Ansiedlungsbewegung. Die Flüchtlinge, die Fremdlinge, die Ausgestoßenen, die sich verdingen müssen, sind die anderen. Von außen also kommen die Dienstleistenden, die mit Insthaus und Kleingarten erste Wurzeln zu neuer Ansässigkeit senken und die, erstmal benachteiligt, dann um so zäher und eigensinniger die Blechbude, die Laube, das preiswerte Werkgelände und auch gewisse Freiheiten verteidigen.

Wo viel armes Volk zusammengezogen ist – in den Vorstädten –, haben Industrie und Gewerbe Gelegenheit, Land und Menschen zu gewinnen – und für sich zu verbrauchen.

Diese von so weit her angebahnte Entwicklung kann nicht nur abgelehnt oder bedauert werden. Es war seinerzeit ein Unverständnis, Herden ohne Hirten in den Wald zu treiben; heute sehen wir das ganz klar. Daß es heute ein Mißverständnis ist, Ansiedlungen ohne Planung in die Landschaft vorzutreiben – wann werden wir das einsehen? Hoffentlich nicht erst in 300 Jahren, denn dann findet sich das Wort Landschaft wahrscheinlich nur noch im Lexikon mit der Erklärung: veralteter Begriff für ... sagen wir: ein Bauwelt-Fundament.

Fast unbemerkt vollzieht sich in den letzten Jahren ein Umbau des Natürlichen, Veränderungen eines landschaftlichen Charakteristikums, welche die höchste Gebirgskette Europas betreffen.

Für die schwere und verantwortungsvolle Arbeit auf den Almen in den Hochtälern und auf den Berggipfeln der Alpen finden sich weder mehr Söhne und Töchter der Vieh haltenden Talbauern bereit, noch wachsen aus den Häuslerfamilien, die seit Generationen Senner und Sennerinnen stellten, genug junge Leute in diesen Beruf hinein.

Der Vorteil, der aus dem Auftrieb des Viehs auf die zum Talhof gehörende Alm oder auf Genossenschaftsalmen erwächst, ist – gemessen an dem Umstand, den die jährliche Umstellung des Viehs erfordert – gering, wenn er mit Zahlen festgestellt werden soll.

Die Almzeit ist kurz, oft nur zweieinhalb bis drei Monate. Was an Talfutter eingespart wird, ließe sich durch vermehrte (Kunst)düngergaben wahrscheinlich fast herauswirtschaften. Auch kann ein Ausgleich durch Futteranbau und durch Silage und Kraftfuttergaben erzielt werden. Mit dem nie gedüngten, dem langsam gewachsenen, dem würzigen und nährstoffreichen, dem geradezu therapeutisch wirkenden kurzen Almgras, das das beweglich und geschickt werdende Tier schnell sättigt, ohne es zu belasten, ist aber das Mastfutter drunten nicht zu vergleichen.

Daß es auch heute ein Unverständnis ist, Ansiedlungen ohne Planung in die Landschaft vorzutreiben — wann wird man das einsehen? Hoffentlich nicht erst in 500 Jahren.

Doch auch der Abtransport der Milch mit Pipelines vom Berg direkt und keimfrei in die Molkerei oder Käserei kann nicht darüber hinweghelfen, daß nur zu bestimmten Lagen der elektrische Strom hinaufgeführt werden kann, der die Melkmaschine in Gang setzt und warmes Wasser und sonstigen Komfort verspricht. So bleiben mit der Zeit von den schwer zu erreichenden Almhütten immer mehr leer, und nur Jungvieh tummelt sich noch in den günstigeren Lagen.
In Oberösterreich, in Süddeutschland und in der Schweiz darf, durch alte Weiderechte verbrieft, das Vieh wie im Mittelalter in den Gebirgswald getrieben werden, und zwar je Bauer bis zu 32 Stück »ohne Hirte und Stab«, auch dort, wo es sich um Staatsforst handelt. Ebenso alte Holzrechte erlauben den Bauern erhebliche Mengen unentgeltlichen Holzeinschlags – aus dem Staatsforst; sie betragen rund 17 % des Gesamteinschlags. Das macht die Waldwirtschaft schwierig.
Jahr für Jahr ziehen mit den Rindern auch Schafe und Ziegen zum Nachweiden der Weidebuckel mit auf, die ihre Nahrung munter im Walde ergänzen. Auch die Rinder grasen im Lichtwald gern unter Bäumen. Bis auf jene als Schutzwald gehegten und der almerischen Nutzung deswegen verlegten Gebiete, sind vom Bestand des Lichtwaldes häufig nur noch mächtige Einzelbäume geblieben.
Solange alle Vorrechte voll ausgenutzt wurden – das Laubstreu-Rechen, das die Humusbildung im Walde einschränkt, kommt als drittes der alten Rechte hinzu –, fand die Almerei mit der Zeit immer offenere Flächen zum Umtrieb. Die billige Sommerhütung wurde fest ausgenutzt. In den Großfamilien kosteten Arbeitskräfte kein »Geld«. Ohnehin wollten ja alle ernährt sein vom elterlichen oder brüderlichen Hof.
Der Weidetritt von 25 000 bis 30 000 Stück Rindvieh hat das Bodenprofil der Alpenabhänge zu treppenartigen Rippen strukturiert. Die Hufe, die sich bei Nässe fest in den Grund drücken, verdichten den Boden und treten Barstellen. Das Niederschlagswasser läuft in zu raschen Kaskaden zu Tal – oder kommt auf Verdichtungen zum Stillstand und versäuert den Boden. Um die meist primitiven Stallungen finden sich Stickstoffsammler und andere Ruderalpflanzen ein, die nicht zur Hochgebirgsflora gehören.
Wo andauernd der Wind geht – wie im Hochgebirge –, verändern selbst geringfügige Verschiebungen im Wasserhaushalt und im Bewuchs die Oberflächenstruktur. Regen und Wind finden dann leicht Ansatzstellen für Mutterbodenabtrag und Erosionsrinnen, in denen bei Schneeschmelze die Schottermassen von den Steilwänden nachpoltern können. Geröllzungen dringen allmählich über jede baumlose Alm vor. Um dies aufzuhalten, ist in den letzten hundert Jahren verstärkt staatlicher Forst – meist aus Fichten und Tannen – im Gebirge aufgebaut worden. Durch die Weidebelastung ist der Zuwachsverlust jedoch mit 40 % sehr hoch. Wer von den Bauern sich zur »Bereinigung« seiner Almweideflächen entschließt, also von der Waldweide absieht und den Lichtwald und die

Waldränder schont, bekommt je Hektar rund zweieinhalbtausend Mark Zuschuß vom Staat. Bei jedem Besitzwechsel oder bei jeder Aufgabe einer Alm erlöschen die alten Rechte. Käufer ist meist der Staat.

Nun aber fehlen – außer den Almleuten – auch Holzfäller und Pfleger, die unter so schweren und gefahrvollen Bedingungen arbeiten wollen. Und doch rückt der Wald vor. Angesichts eines der dringendsten Probleme des Landschaftsverbrauches, nämlich der Trinkwasserversorgung, der Wasserreserven überhaupt, ist dies sehr wichtig. Die Generationen nach uns werden die Einschränkung der Alm- und Waldweiden sicher als glücklichen Umstand zu schätzen wissen, obwohl wir nicht umhin kommen, es zu bedauern.

Meteorologen haben geäußert, daß die offensichtlichen Veränderungen im europäischen Klima durch die Verminderung des Waldbestandes in allen Lagen und Breiten hervorgerufen sein kann. Der Verlust an Wald in den letzten 200 Jahren beträgt bis zu $8/10$ vom Ganzen. Also freuen wir uns, wo immer der Wald im Vorrücken ist.

Auch die »Rehlein« und die Hirsche, auch die »Häschen« und die Wildsauen freuen sich – obwohl ihr dem Wald zugehöriges Dasein dem Forst schweren Schaden zufügen kann. In der ursprünglichen Form, die stets Mischwald ist, war es die Aufgabe der Geweihträger, die allzu starke Ansamung von Junghölzern und Unterhölzern in Grenzen zu halten. Wo aber Nadelholz als Monokultur den Hauptbestand ausmacht, ist der Anflug von Unterholz in Lichtungen und an den Rändern erwünscht. Niederwild findet dort Deckung. Auch zur Winterung des Großwildes ist es vonnöten. Die Entwicklung des Unterwuchses wird aber durch Böcke, die am Nadelholz schälen und schlagen, verhindert. Sie verbeißen auch, was neu sich begrünen will.

So finden wir jegliche Schonung im Walde vergattert – und dem Wohlfahrtsangebot unwiderruflich entzogen. Nur vom Zaun aus ist ein Blick in die Kinderstube erlaubt, der uns verrät, wie »Wald« eigentlich ist. Hüfthohe Gräser, mit Blumen, mit Farnen, mit Duft und zahllosen Vögeln sind für Spaziergänger und Wild ein verbotenes Eiland.

Wildschweine suchen im Wald feuchte, humose Böden. Im Nadelwald finden sie diese nicht. Auch fehlen ihnen Eicheln und Eckern zur Mast, die nur der Laubbestand liefert. So treten die Schweine aufs Feld aus und wühlen schadenbringend nach leicht zu erlangender, ihnen aber nicht zugedachter Nahrung. Ihr Überhandnehmen in manchen Gegenden hat schon zu erheblichen Schäden geführt. Auch diese Schäden sind – Landschaftsverbrauch.

Normalerweise richtet sich der Bestand des Wildes nach seiner Futterbasis. Aber in Mitteleuropa gibt es einen »normalen« – einen natürlichen, einen von Zweckhaftigkeit unberührten Zustand nicht mehr. So ist auch das scheue Wild schon beinahe zutraulich geworden. Winterfütterung, Schonzeiten und vorsichtig regulierender Abschuß halten die Anzahl etwa konstant – so daß auch die Schäden – etwa – in Grenzen bleiben. Natürlichen »Feinden« sind die Cerviden in unseren Forsten nicht ausgesetzt. Wildkatzen, Bäre, Luchse und Wölfe sind ausgetilgt. So sind die Tiere des Waldes zu freizügigen, wenn auch nicht unbeaufsichtigten Mitgliedern unserer zivilisierten Gesellschaft geworden.

Biber und Otter, Hamster, Fasanen und Wildhühner, Wildenten und -gänse, erschreckend dezimiert durch das Ausräumen der Feldfluren, durch das Fehlen von Unterholz, durch das Zuschütten von Brackwasser und toten Flußarmen, durch das Verlanden von Teichen infolge von Grundwassersenkung – sie werden, wenn auch unauffällig – heute gezüchtet. Ihre Gehege: kleine Wälder, geschonte Buschstrecken, Schilfdickungen und Luche stehen zu Recht unter besonderem Schutz: Naturschutz.

Von allen auf Sachlichkeit gerichteten Kulturbestrebungen sind die anpassungsfähigen, vermehrungswütigen Kaninchen und Wühlmäuse am wenigsten betroffen. Diese betätigen sich stärker landschaftsverbrauchend, als obenhin zu erkennen ist. Ihre natürlichen Feinde, Füchse, Marder, Iltisse und ähnliche Räuber werden weitgehend ausgerottet und häufig mit den Mäusen zusammen vergiftet. Tollwütige Füchse, die unter Umständen die Seuche von Land zu Land tragen, sind tatsächlich eine Gefahr.

Kaum mehr in unser Land kommen die Störche. Sie fehlen im Landschaftsbild. Ob sie wirklich den Smog aus ölbeheizten Kaminen verabscheuen? Oder ist es der Lärm der Straße? Sind es die Stromzuleitungsdrähte oder die Antennen auf bald jedem Dach im Dorf? Autoreifen zum Nestbau werden ihnen ja nicht einmal zugemutet! Irgendwo findet sich immer noch ein altes Wagenrad aus Holz und mit Speichen, wie es von jeher für sie auf dem First bereitlag. Eines aber ist sicher: es gibt weniger Frösche, die Storchennahrung sind. Es gibt ja weniger Sümpfe, in denen Mücke und Stechfliege und ähnliches Ungeziefer brütet. Für Mensch und Vieh ist der Rückgang der Quälgeister zwar angenehm, nicht aber für die Frösche und nicht für jene Vogelarten, die sich wieder von diesen Lurchen ernähren. Landschaftsverbrauch ist auch dieses.

Der Rückgang der tatsächlich nicht immer harmlosen, Infektionen verursachenden und Krankheitserreger verbreitenden Insekten ist selbstverständlich auch der Bekämpfung mit chemischen Spritzmitteln und Wasserbeimengungen zu danken. In den Vereinigten Staaten und in den zivilisierten tropischen Ländern sind regelmäßige Kampagnen dieser Art gang und gäbe. Heuschreckenplagen gehören heute fast schon der Geschichte an.

Aber allzu radikale Eingriffe in die fein ausgependelte Metrik der Natur zeitigen später oder sofort unbeabsichtigte Nebenwirkungen. Sofort sind von den Insektiziden die Vögel mitbetroffen, und zwar direkt oder über das Insekt, den Fisch oder den Frosch. Später trifft es das Wild, das Vieh und den Menschen, direkt nach dem Genuß von gespritztem Futter, gespritzten Trieben, gespritztem Obst und Gemüse, indirekt durch den Genuß des Fleisches, der Milch und der Eier von Tieren, die Insektizide lebenslang, wenn auch nur in minimalen Mengen vereinnahmen und in ihren Körpern speichern.

E 605, ein frei verkäufliches, auch von Privathand laienhaft häufig angewendetes Spritzmittel, ist in der Lage, unmittelbar Rehen und Hirschen einen »waidungerechten« Tod zu bringen.

Diesen Tod sterben allerdings auch 1500 Hasen täglich auf den Autobahnen. Eine »Strecke« von 265 Rehen ist im Jahre 1960 allein auf der Autobahn zwischen Hamburg und Lübeck gezählt worden. Es ist bestimmt nicht übertrieben: die Zahl des überfahrenen Wildes – Hirsche, Wildschweine, Rehe, Hasen – übersteigt bei weitem jene der waidgerecht erlegten Tiere. Sie geht in die Zehntausende, Igel, Kaninchen, Wiesel und ähnliche nicht mitgezählt.

Viele Rehkitze verenden in den Armen unkundiger, mitleidiger Spaziergänger, die so ein hifloses Tierchen finden. Auf Nahrungssuche verlassen die Ricken ihre Jungen für eine Zeit, um mit Sicherheit zu ihnen zurückzukehren. Ist das Kitz inzwischen vom Menschen berührt, wird es von der witterungsempfindsamen Mutter nicht wieder angenommen. Ist es entführt, so ist ihm meistens ein qualvoller Tod gewiß, da die Aufzucht dem Laien fast stets mißlingt.

Der Herzog von Choiseul, der am Hofe Ludwigs XIV. viel zu sagen hatte, ließ im Jahre 1767 Tausende stromernde, bettelnde, plündernde Bauern und Weiber verhaften. Diese hatten schon 12 oder 15 Jahre vorher ihre angestammten Höfe bei Fontainebleau an der Seine und in der Dordogne nahe Bordeaux verlassen. Das Bestellen der Felder mußte ihnen unsinnig, das Heiraten und das Gebären von Kindern mußte ihnen ungerechtfertigt erscheinen. Ihre Existenzgrundlage und ihr damit in Verbindung stehendes traditionsbestimmtes Verhalten war durch das Überhandnehmen von jagdbarem Wild restlos erschüttert. Die Jagd aber war alleiniges Vorrecht der Feudalen. Die Bauern durften die »Schädlinge« nicht einmal von ihren Feldern vertreiben, geschweige denn abschießen. So hörten sie auf zu bestellen, was das Ihre war. Die Äcker verkamen und mit der Zeit auch der Wald, der eine Überbesetzung mit Großwild ja auch nicht erträgt. Falsche Reaktion auf fehlerhaftes Verhalten setzten sowohl die Entwaldung Frankreichs als auch die Französische Revolution in Gang. An den Entwaldungen und an den sozialen Umschichtungen, die stets in einer gewissen Wechselwirkung stehen, knabbern wir Europäer noch immer.

Die Sense

»Die Erde decket ihren Staub mit einem grünen Kleide«, singt jenes alte Lied von Paul Gerhardt, das mit den Worten: »Geh aus, mein Herz, und suche Freud...« beginnt. Ein bißchen weiter hinausgehen und ein wenig länger als dazumal suchen muß unsereiner aber heute schon – und nicht immer findet er Freude.
Die Erde bedeckt sich, wo immer sie offen liegt. Unbedeckt bleibt sie bei Frost und bei absoluter Trockenheit – zwei Zustandsformen, die sich physikalisch ähneln. In jedem Falle ist dabei der kapillare Wasseraufstieg unterbunden, und Niederschläge fehlen. Was in der Wüste die Sonne tut, besorgt in den gemäßigten Klimaten die Kälte. Der Boden wird mürbe. Er wird klein strukturiert und endlich staubfein. Was bei dem im Herbst umgebrochenen, scholligen Land beabsichtigt ist, nämlich die Erde mit Hilfe des Frostes krümelig und locker werden zu lassen, ist in den ariden Gebieten der Welt das Ende allen Bewuchses. Denn die Erde bedeckt den Staub nur dann »mit einem grünen Kleide« von Gras und Kraut, wenn dieser physikalische Zustand durch Hinzutreten von Wasser unterbrochen wird.
Die Wüste blüht, wenn nur einmal im Jahr der Regen fällt. Eine einzige Wasserstelle läßt die Oase entstehen mit bescheidenem Wachstum wasserspeichernder Sukkulenten im mageren Schatten hoher, hartblättriger Palmen.
Aus den unter Kultur stehenden Ländereien sprießt, da im Frühjahr normalerweise ein Vorrat von Nässe vorhanden ist, durch die Wärme des Lichtes »das grüne Kleid«, von dem im Liede die Rede ist. Ob erwünscht oder unerwünscht, es wächst und wächst – überall, wo es nicht mit Bedacht gestört wird.
Erde, Wasser und Wärme in Ausgewogenheit weben es, das uns so liebe »grüne Kleid«.
Wo viel Nässe, starke Wärme und eine schier unverbrauchbare Schicht Humus zusammenkommen, ist dieses Kleid dick wie ein Pelz. Es ist der Urwald, der Dschungel des tropischen Gürtels entlang dem Äquator. Das Gras wird dort hoch wie ein Baum. Bambus und Zuckerrohr gehören in diese Gesellschaft.
Wo lediglich Humus und Wärme zusammentreffen und die Regenfälle nur mit

Nie hätte ohne Zuchtarbeit die Sense in hüfthohes Gras hauen können, das ohne mehr Schwund, als dem Wasserentzug entspricht, als Heu den Bergeraum füllt und die Wachstumslücke im Winter überbrückt.

jahreszeitlicher Periodizität dem Grundwasser zu Hilfe kommen, finden wir Grasland, Prärie oder Steppe als natürliche, sich von selbst immer wieder durchsetzende Bodenbedeckung.

Wenn wir in Mitteleuropa von heute auf morgen allesamt streiken würden, wenn keine Hand mehr korrigierend, mehrend, säend, erntend, düngend das kunstvolle Gefüge unserer Landschaftsstruktur in Gang halten würde, wenn kein Fuß und kein Rad mehr den Boden zu berühren brauchten, dann würden Gräser und Kräuter die Erde bedecken, von einem lockeren Buschwachstum beschattet und feucht gehalten. Später würde dieses Buschwerk von selbst gegen stärkere Bäume im lichten Stand auf grasigen Flächen den Rückzug antreten. Gras, Kraut und Strauch würden die Bauwerke sprengen und die Straßen verschwinden lassen. Liegengelassene Baustellen, Trümmergrundstücke und unausgenutzte Industrie-Areale treten im Kleinen den Beweis für diese Behauptung an.

Bisher lief jeder Kulturanbau darauf hinaus, unter möglichst günstigen, also die Natur übertreffenden Bedingungen einzelne Pflanzenarten zu züchten, sie in Reinkulturen auf übersehbaren Flächen beisammen zu halten und jegliches unerwünschte Wachstum darauf und dazwischen zu unterdrücken. Der natürliche, biologische Ausgleichsfaktor für diese Anbauflächen war immer der Wildwuchs – das Unkraut.

»Unkraut vergeht nicht« – und der Himmel möge uns diesen Zustand auf ewig erhalten!

Das Auftreten der naturgegebenen Bodendecke, der Grasnarbe, steht mit dem Untergrund, also mit den Wasserverhältnissen und der Bodenart, in engster Wechselbeziehung. Von Meter zu Meter ist die Zusammensetzung der Gräsergemeinschaft entsprechend den Grundwasseradern, der Bodendichte, dem Säuregrad und der mineralischen Anteile verschoben.

Wenn irgendwelche Veränderungen von außen her auftreten, und wäre es nur ein Schatten – verändert sich ebenfalls die ganze Gesellschaft der Bodendecke. Wenn zu der Einheit Gras natürliche Gesellschafter in Form von Kraut, Baum oder Strauch hinzutreten, wandelt sich dadurch auch das Gras. Unnatürliche Einmischungen in die Pflanzengesellschaft Gras, Kraut, Strauch und Baum sind alle Bauwerke, beginnend mit dem Holzzaun, mit dem Mäuerchen. Sie reichen über das Haus, die Straße bis zum Bohrturm und gipfeln in den Bergausbeuten.

Das höchste »Gras« finden wir in unseren Breiten dort, wo von den drei wesentlichen Komponenten: Erde, Wasser und Wärme wenigstens immer zwei hervorragend stark beieinander sind.

Wo im stehenden Wasser des Sees die Zuflüsse mit ihrem Geröll den Wasserstand seichter machen und dadurch Gelegenheit zur Ablage von organischen Schwemmstoffen geben, wächst dichtes Schilf, oft übermannshoch. Das Verlandestadium eines Sees ist stets an der Breite seines Schilfgürtels abzulesen.

Die harten, glatten Binsen sind die Pioniere auf nassem, saurem Grund. Binsen finden wir an allen Stellen mit verdichteten, undurchlässigen Böden. Ob diese Verdichtungen das Ergebnis natürlicher Verhältnisse – z. B. tonige Vorkommen – sind oder ob durch Pressung feuchten Grundes das kapillare Aufstiegsvermögen des Bodens verformt ist, spielt keine Rolle.

Torf ist ein Verwesungsprodukt rein pflanzlicher Stoffe bei Abschluß von Luft unter dem Druck von Wasser. Auf der meist dünnen Mutterbodenschicht zeigen sich kurze und harte Trockengräser, obwohl der Torf häufig auf blankem Wasser steht. Die feste Schicht trennt Ober- und Unterböden. Die chemische Reaktion ist mehr basisch als sauer.

Saure Wiesen, die den Boden bedecken, wo der Grundwasserstand außerordentlich hoch ist, zeigen hohe Gräser mit geringem Proteingehalt.

Holzwiesen – diese Bezeichnung wird hauptsächlich in den Mittelgebirgen verwendet – sind solche, die durch Kahlschlag und Rodung eben dem Walde abgerungen sind. Sie tragen noch, vom Waldhumus lebend, die Zusammensetzung der unter lichtem Bewuchs auftretenden Gräser, also hohes, zartstengeliges Obergras ohne füllende breitblättrige Untergräser. Magerwiesen sind – genaugenommen – Grasländer auf karger Schicht Mutterboden. Almweiden und Schafhuden mit ihrer kurzen Gräsereinheit aus Schafschwingel, Kammschmiele, Glanz-Lieschgras, Wiesenhafer, Wolfsmilch, Bibernellen, Feld-Beifuß, Trespen, Seggen, Federgras und Bartgras und vielen anderen gehören dazu.

Bei einer Wiese, aufgebaut auf durchschnittlich 20 cm starker Mutterbodenschicht, finden wir von allen Arten Gräsern eine sich gegenseitig ergänzende blumige Mischung, die zum Schatten, zum Wasser, zur Hängigkeit hin entsprechend variiert.

Jede Grasfläche verändert sich unverzüglich, wenn sie benutzt wird. Schon ein häufig begangener Fußpfad zeigt andere Gräser als die übrige Wiese. Die blättrigen Kräuter vertragen weniger Druck als die härteren Schwengel und Rispen.

Eine Wiese, die jährlich nach der Blüte gemäht, deren zweite Blüte zum Schnitt nicht abgewartet wird und die vielleicht vor dem Winter noch einen dritten Schnitt erfährt, kann sich von selbst nicht erneuern. Sie ist »in Kultur« wie jeder Garten oder Acker auch. Die Erhaltung ihrer Ergiebigkeit hängt von der Zufuhr organischer Nährstoffe durch Menschenhand ab.

Vernässungen, die durch die Einseitigkeit der Kulturen entstehen, müssen ausgeglichen werden. Das Ersetzen des Wassers, das durch das Mähen und das Trocknen des Grases – meist bei heißem und extrem trockenem Wetter – der Wiese entzogen wird, kann für die Wiederbestockung der Gräser von lebenswichtiger Bedeutung sein. So finden wir Wiesenwirtschaft nur dort, wo es viel regnet. 1500 mm Jahresdurchschnitt und mehr brauchen Grünländer, um im Wachstumsprozeß zu bleiben.

Die Baggerseen, nahe den großen Verkehrsadern durch Kiesentnahmen entstanden, sind willkommene neue, auch leidlich hygienische Bademöglichkeiten. Sie sind ja mit Grundwasser vollgelaufen. Ihre Umgebung aber zeigt eben deswegen landschaftsfremde Steppenflora.

»Wiesen« werden in unserer Kulturlandschaft häufig »gemacht«. Sie werden aus einer Mischung von geeigneten Grassamen gesät und sind im ersten und zweiten Jahr äußerst ertragreich. Ihr Aussehen unterscheidet sich merklich von dem einer »natürlichen« Wiese, deren buntes Grasgemisch sich erst durch Anflug nach Jahren bei der gesäten Wiese einfindet, vorausgesetzt, daß das Wiesenfeld mit natürlichen Wiesen benachbart ist.

Kleeäcker und Luzernefelder, auch Futtergemengeaussaaten sind im gewissen Sinne ebenfalls künstliche Wiesen, die auf eine geplante Einseitigkeit hin angelegt sind. Länger als ein bis zwei Wachstumsperioden bleiben sie allerdings nicht am selben Fleck.

Alle Getreidearten sind aus Gräsern hervorgegangen. Die älteste Gras-Reinkultur ist wahrscheinlich der Dinkel, als Grünkern bekannt, eine frühe Weizenart. Hirse und sicher auch Reis sind nicht weniger alt, nur wurden sie auf anderen Böden und zum Teil in anderen Klimaten zuerst kultiviert.

Solange die Menschheit zurückdenken kann, ist jedes Mühen – über die Erhaltung des Wachstums und der Fruchtbarkeit hinaus – um Vermehrung und Verbesserung der Erzeugnisse gegangen. Und es ist in der Tat ein langer und steiler Weg vom bräunlichen Zittergras am Waldsaum bis zum hochwertigen Eiweißfutter, das den Kühen heute »gereicht« wird, damit sie nicht nur zur natürlichen Laktationszeit das Kalb ernähren, sondern während zehn Monaten von zwölf rund 20 Liter Milch sich täglich abmelken lassen.

Es ist auch ein vielmaschiges Netz, das von den hängenden, fingrigen Rispen der Samenträger früher Getreidearten bis zu der prallvollen, aufrechten Ähre mit bis zu 50 je 1 g wiegenden, nährstoffreichen Körnern die Kulturen aller Welt verbindet. Nie hätte ohne Zuchtarbeit die Sense in hüfthohes Gras hauen können, das ohne mehr Schwund, als dem Wasserentzug entspricht, als Heu den Bergeraum füllt und die Wachstumslücke im Winter überbrückt.

Je höher die schwere Ähre am Halm über dem Erdboden reift, ohne von Schlagregen oder Gewitterstürmen gebeugt zu werden, um so befriedigender erschien – bis jetzt – das Ergebnis züchterischer Mühen.

Das Gras und das Korn so hoch, so dicht wie möglich wachsen zu machen, die Erde Jahr für Jahr nicht unbedeckt und bar zu lassen, dies schien die naturgegebene, die folgerichtige Entwicklung des Naturzustandes bis in alle Ewigkeit zu sein. Die Natur ist verschwenderisch. Von ihrem Überfluß lebt der Mensch samt aller Kreatur. Ihre Überproduktion führte, wenn nicht zu Sorglosigkeit und Übermut, so doch zu einer Selbstverständlichkeit der Hinnahme, die den ersten, den gedankenlos unbedachten Schritt, der zum Verbrauch der Substanz führt, bereits in sich barg.

In allen utopischen Romanen, von Hans Dominik über Aldous Huxley bis zu Franz Werfel und George Orwell, leben die Menschen von synthetischen Lebensmitteln, von Pillen. Die Pflanzenwelt ist lediglich Dekoration, oft auch gar nicht mehr vorhanden in den Städten künstlichen Lichts, oder die Pflanzen sind Schemen gelbbraunen Einheitsgrases, uniform vom Baum bis zum »Bodenbelag«. Warum wohl?

Weil in Zukunft das Gras nicht mehr wachsen darf!

Es ist, als habe der Heuschnupfen – jene Allergie gegen die Pollen blühender Wiesen und sich bestäubender Felder – die ganze Menschheit ergriffen. Rasen hat seinen Namen vom französischen »racine«, was Wurzel heißt. Rasen blüht nie, er bestockt sich aus Wurzelausläufern. Damit er seine organische Kraft unter der Erde verwendet anstatt darüber in Sonne und Wind, wird sein Wachstum ständig kupiert. In jeder Gräsergemeinschaft finden sich Grasarten, die wuchern, die die Anlage zum unterirdischen Wurzelgespinst aufweisen. Diese besonders sind ausgewählt und bevorzugt gezüchtet, sich zu haltbarem Rasen mit Ausschließlichkeit ansäen zu lassen. Unter einem festen, gut gepflegten Rasen federt ein tausendfältig verschlungenes Wurzelfaserpolster. Es schließt nicht nur den Rasen von den Unterböden hermetisch ab, sondern isoliert auch den Fuß des Menschen gegen die Strahlkraft der Erde. Der Fuß, der Schuh bleibt immer sauber; nur feucht kann er noch werden. Wäre es darum nicht besser, den Boden ganz zu versteinen? Kleine Flecke aus Moos genügen der Illusion – und keinerlei Handschlag ist mehr vonnöten. Denn wer soll eigentlich das Gras noch schneiden? Ich hör' kein »Sichelein rauschen«.

Der Traktor mit der sommerlichen Ausschmückung des Mähbalkens weckt an Stelle des Hahnenschreis das schlafende Dorf. Einer nach dem anderen fährt auf seine Wiese, Futter zu schneiden. Schon früh im Jahr, schon lange vor der Blüte wird das junge zarte Gras gemäht und ins Silo geschichtet für den Winter. Es blühen zu lassen, ist unrationell. Das Heuen ist eine schwere, wetterabhängige Arbeit, die trotz aller Mechanisierung doch noch einige Hände erfordert.

Etwas später im Jahr und am Tag – zur Zeit, wenn wenig Tau fällt und der wenige von der Sonne getrocknet ist – fährt der Mähbinder auf den Acker, oder der einem Ichthyosaurus ähnliche Mähdreschsatz köpft die Halme des Grases, das wir Getreide nennen.

Das nur dem Deutschen eigene Wort »Getreide« läuft in seinem Ursprung mit »tragen« zusammen, und zwar aktiv wie passiv. Getreide ist Gras, das trägt, das Ertrag bringt. Es ist aber auch Gras, das getragen wird, was zweifellos auf die Art des Erntens deutet. Mit der Sichel geschnittenes Getreide wurde im Arm zusammengerafft und bündelweise abgelegt. Mit der Sense gemähtes Getreide liegt in Schwaden, die aufgehoben und zu Garben gebunden und zu Hocken oder zu Mandeln zusammengetragen werden. An der Art, wie diese 15 Garben mit der Hand zusammengestellt wurden, konnte mit Sicherheit die erfahrungsgemäß

während der Erntezeit zu erwartende Regenmenge abgelesen werden. Die Mandelform variierte von Landstrich zu Landstrich.
Locker zu zwei Reihen – eine zu sieben, eine zu acht Garben – zaunartig gegeneinander gelegt wurden die Mandeln im trocknen Nordostdeutschland. Im gewitterreichen Süddeutschland wurden sie zum Kreis gestellt und nochmals oben mit einem Strohwisch zusammengebunden. Im Egerland wurden nur 14 aufgestellt und die 15. Garbe mit den Ähren nach unten hutgleich darüber gestülpt.
Wo die Hocken oder Mandeln mutmaßlich lange und auch im Regen auf dem Felde belassen werden mußten, ehe sie schließlich doch trocken eingebracht werden konnten, mußten sie vorm Umfallen und Faulen so gut wie möglich geschützt werden. So wurde auch gebietsweise ein Stock in die Mitte gerammt, um den die Garben gebunden oder geschichtet wurden, ohne daß sie noch den Boden berührten.
Diese sommerlichen Charakteristika verschwinden aus den Landschaften. Auch sie sind ein Verlust an Substanz. Handfertigkeit wird nicht mehr gebraucht. Wenn der Körnerertrag des Feldes heute in Sicherheit ist – in einem einzigen Arbeitsgang mühlenfertig eingesackt –, dann wird ohne Eile das Stroh mit dem Mähbalken nachgeholt und sofort zu festen Ballen gepreßt am Feld haushoch gestapelt. Dazwischen fährt schon der Pflug, der einer nächsten Frucht in der gleichen Wachstumsperiode noch den Boden bereiten soll.
Was aber geschieht mit dem Stroh? Ist es rentabel, mit einem dritten Arbeitsgang die Strohbündel in den eigenen Stall, vielleicht einige Kilometer weit, und auf mehreren Fahrten zu transportieren? Und was soll geschehen, wenn kein eignes Vieh mehr im Stall steht? Ist es dann etwa rentabel, das auf dem Felde gehäckselte Stroh in den eigens dafür konstruierten Wagen zu blasen und nochmals in irgendeinen Bergeraum zu liften? Ist der Preis günstig und ist die Verladerampe nahe genug, um im Herbst die Preßstrohballen zu verkaufen? Oder ist es nicht die bessere Lösung, Arbeitszeit, Löhne und Risiko zu sparen und das Stroh auf dem Feld zu verbrennen? Am besten wäre es, Körner ohne Stroh, Ertrag ohne das Tragende, Getreide ohne Halm zu ernten. Züchtungsbemühungen gehen (in den USA und jetzt auch in Deutschland) heute dahin, große Ähren auf kurzen Stielen zu züchten – denn das Gras darf nicht mehr wachsen...!
Stroh ist gespeicherte Sonnenkraft. Es enthält von Kieselsäure oder Lignin umkrustete Zellulose. Seine Röhrenform hilft, wenn die Stoppeln nach der Ernte untergepflügt werden, die Scholle zu durchlüften. Bei dem Weg des Strohs durch den Stall wird durch den gleichen Vorgang der Luftzufuhr der Mist schneller und vollkommener gar. Er nähert sich dem Humuszustand bereits, bevor er wieder aufs Feld kommt, um hier den Prozeß zu vollenden. Zur Steuerung des Landschaftsverbrauchs, der mit dem Verbrauch der Bodensubstanz beginnt, kann auf das Stroh in der Wirtschaft nicht verzichtet werden.

Leinen und Hanf – wer braucht sie noch? Der Leinenschatz des Haushalts ist zu ein paar Tüchern zusammengeschmolzen. Leinenkleidung ist vergleichsweise unpraktisch gegenüber den knitterfreien, leichten Chemiefasern. Kühl ist Leinen – wir aber wollen es warm, undurchgearbeitet wie wir sind und durch künstliches Klima in geheizten Räumen verweichlicht. Die Seilerei ist ein aussterbendes Handwerk. Der Faden aus der Retorte und der Draht haben das Hanfseil weitgehend aus dem Gebrauch gebracht.

Schilfdächer, Strohdächer, Rieddächer – sie gehören einer vergangenen Periode an. Sie brauchen eine holzreiche, schwere, handgearbeitete, darum kostspielige Unterkonstruktion. Kaum jemand weiß sie noch anzufertigen. Wozu also sollen diese Gräser noch wachsen?

Auch in Amerika ist der Raum nicht mehr unermeßlich. Die starke Humusschicht unter dem Gras der Prärie würde bei intensiverer Wirtschaft mehr Profit abwerfen – so dachte man; und ackerte das autochthone Gras um. Jede Fläche ohne Bedeckung ist dem Angriff von Wind und von Sonne weit mehr ausgesetzt, als Grasböden es sind. Der feinstrukturierte Humus flog ungeschützt von Gras und Gehölzen davon.

Um erneut mit Weizenüberschüssen Politik machen zu können, wird jetzt wieder Wald und Grasland geopfert und zu Ackerland gemacht. Inzwischen weiß man es vielleicht, wie es zu handhaben ist, wenn das Gras nicht mehr wachsen darf...!

Der Knick, die Feldhecke, das Waldrandgehölz und der Rain sind der ungestörte Aufwuchs dessen, was die Sense oder das Maul des Viehs nicht erreichen konnte und nicht erreichen sollte. Diese Art Pflanzengesellschaften sind standortecht, darum unverwüstlich. Alle paar Jahre wurden die Knicks zurückgenommen – abgeknickt. Das knüppelige Holz war gutes Werkmaterial für Geräte und war zum Schnitzen zu gebrauchen. Zu richtigen Bäumen wuchsen nur die Pflanzen heran, die sich eben gar nicht erreichen ließen. Auch heute wären diese Hecken keineswegs unnütz, obwohl Schnitzholz und Brennholz keine Wirtschaftsgüter mehr sind. Aber die Feldgehölze sind im Wege, wenn mit Maschinen großflächig und rationell gearbeitet werden soll.

So wird als Begründung – gegen grundsätzliches Besserwissen und gegen die innere Stimme der Verantwortung – angeführt, daß diese Feldholzgesellschaften Hüter des in ihrem Schutze gedeihenden Unkrautes seien und daß dieses das saubere Bestellen der Felder erschwere.

Feldunkraut besteht aus Pflanzengesellschaften, die in voller Besonnung an baumlosen Ackerrainen unter den gleichen Belichtungsverhältnissen wie die Feldfrüchte gedeihen. Der Unterwuchs an Hecken und in den Knicks ist Schattenkraut. Es wandert nicht aufs Feld. Von den fliegenden Samen jeglichen Unkrautes wird dagegen manches von der Feldhecke und dem Knick gefangen, wo die »Sonnensamen« zwar nochmals aufgehen, um dann im Schatten einzugehen. Aber diese

Etwas später im Jahr und am Tag — zur Zeit, wenn wenig Tau fällt und der wenige von der Sonne getrocknet ist — fährt der Mähbinder auf den Acker, oder der einem Ichthyosaurus ähnliche Mähdreschsatz köpft die Halme des Grases, das wir Getreide nennen.

absterbenden Pflanzenteile reihen sich als Humusbildner der biologischen Ordnung doch wieder sinnvoll ein.

Das Gegenteil von Ordungmachen ist das Abbrennen des Grases im Frühjahr, das noch vom vergangenen Herbst her steht. Weil Böschungen, Wegraine, auch Unländer und magere Huden oft unzugänglich und ganz bestimmt weder den Zeitaufwand noch die Mühe wert sind, im Herbst wenigstens einmal gemäht zu werden, hat sich in vielen Landstrichen die Unsitte des Abbrennens erhalten. Sie bürgert sich sogar wieder neu ein. Daß vom Funkenflug der Lokomotiven die Grasnarbe längs der Gleise im Sommer häufig zu brennen beginnt, ist bedauerlich, sollte jedoch nicht gerade zum Vorbild werden.

Zwar wächst nach dem Abbrennen das robuste Gras, Quecke und dergleichen, wieder frisch hervor, aber das Bakterienleben und das Leben der Kleintiere, der Würmer, Schnecken und Larven, der Mäuse und vieler Singvögel ist mit vernichtet. Das beschattende Buschwerk leidet unter der Brandhitze. Holzkohle hat zudem eine basische und eine sterilisierende Wirkung im Boden, während das vorjährige Gras eine immerhin grobe, aber doch biologische Substanz zum Aufbau von neuem Humus abgibt.

Offensichtlich ist die Pflege der Wegränder und der Ackerraine zu einem landschaftlichen Problem geworden. Viele Landstriche konnten bis vor kurzem mit Gärten verglichen werden, so gepflegt bis in den letzten Zipfel wirkten sie – und waren sie. Aber ebenso wie in der Garten- und Parkpflege fehlt die Sense in der Landschaft, und vor allem fehlen geschickte und willige Hände, sie zu führen. Denn kein Landmann, keine Magd geht heute mehr zu Fuß mit der Sense über der Schulter abends gemächlich heim und schneidet hier noch ein Eckchen Gras und da noch ein paar stehengebliebene Halme nach, putzt die Gräben und die Ränder aus und trägt das Gras in der Schürze heim. Wie mit dem Besen die Stuben ohne viel Aufwand stets reingehalten werden, so wurde auch die Sense verwendet. Landarbeiter fahren heute mit dem Traktor, oder sie radeln eilig, eilig dahin. Die 40-Stunden-Woche ist für sie ohnehin illusorisch. Die Kleinhäusler sind zu Pendlern geworden. Das Halten von einer Kuh oder von ein paar Ziegen, für die das Futter am Wegrand und an unwegsamen Stellen gesucht wurde, ist für den gutverdienenden Industriearbeiter kaum noch von Interesse. So darf also auch dieses Gras eigentlich nicht mehr wachsen. Die Sozialbrache beginnt am Wegrand mit sichtbarer Unordnung, und der Grad der Landflucht ist sehr deutlich am ungepflegten Landschaftsbild abzulesen.

Graslandwirtschaft ist eine vergleichsweise extensive Wirtschaftsform im Verhältnis zu Getreide- oder Futterrübenanbau oder gar zum feldmäßigen Gemüsebau. Es war bisher eine geringe Mühe, das Vieh auf die Weide zu lassen. Heute sind häufig gar nicht genug Familienmitglieder vorhanden, um eine Herde aus dem Hof inmitten eines sehr beengt gewordenen Dorfes über eine verkehrsreiche

Landstraße bis zu den Weideflächen zu bringen. Diese zeitraubende und aufregende Prozedur, die für Mensch und Vieh gefahrvoll ist, muß ja zeitweise viermal täglich durchgeführt werden. Der Milchertrag lohnt den Aufwand kaum. So wird entweder kein Vieh aufgestellt oder nur solche Rassen, die gegen Wetterumschläge besonders abgehärtet sind und Tag und Nacht während der ganzen Vegetationszeit draußen bleiben können. Mit dem Auto zum Melken zu fahren, ist die kleinere Mühe. Schließlich aber ist das Aufziehen von Schlachtvieh, also solcher Rinder, die gar nicht gedeckt werden und darum auch nicht bis zur Laktation kommen, oder von »Beef-Tieren«, also Fleischvieh, deren relativ geringe Milchmenge dem Kalb ganz gelassen wird, um es fett und wertvoll zu machen, heute wirtschaftlicher als die Milchproduktion. Dies sind jedenfalls die derzeitig wirkungsvollsten Methoden, mit dem Gras, das nicht mehr wachsen soll – aber es dennoch tut –, arbeitstechnisch fertig zu werden.
Im Lande der Beefsteaks, in England, ist diese Art der Grasflächenbewirtschaftung traditionell – so sieht es aus. Aber noch in der Mitte des vorigen Jahrhunderts gab es auf den britischen Inseln weit mehr Äcker und Wälder als »lawn«. Durch den Kolonialbesitz erübrigte sich die intensive Nutzung des Bodens im Mutterland. Doch der Weg der größtmöglichen Bequemlichkeit, der beschritten wurde, hatte ein Vermoosen der Flächen sowie Versauerung und Kalkmangel zur Folge, obwohl der Gesteinsuntergrund viel Kalk aufweist.
Die einseitigen Nutzungen haben die Gründe verfestigt und die Verbindung zwischen Oberschicht und Unterschicht unterbrochen. Der Wurzelfilz der Grasnarbe wirkt als Isolation. Die Landesverteidigung machte als erste Instanz darauf aufmerksam, daß die im Ernstfalle unzureichende Ernährungslage der Inseln der schwächste Punkt aller vorsorgenden Maßnahmen sei. Die Böden haben im allgemeinen die nötigen Fruchtbarkeitsreserven, aber der Mangel an Arbeitskräften macht eine Umstellung der Wirtschaft problematisch.
Trotzdem muß in England, wie überall in Europa, alles versucht werden, um die Böden zu lockern und Niederschlagswasser mit Grundwasser, humose Bestandteile der Erde mit den Kalkreserven und Mineralien des Untergrundes in Verbindung zu halten. Der wechselnde und zeitweise Anbau von Leguminosen und das Anlegen von Regenwurmkulturen sind biologisch richtige Maßnahmen der »Organic Farming«- und der »Organic Gardening«-Bewegung, die der biologischdynamischen Wirtschaftsweise in Deutschland in der Zielsetzung entsprechen.
Selbst wenn es gelingt, mit Hilfe überlieferten Wissens sowie modernster wissenschaftlicher Erkenntnisse und Methoden alle Fährnisse allzu einseitiger Bodennutzung zu umschiffen und der Erde ihr permanentes grünes Kleid zum Nutzen für Mensch und Vieh unter geringen Mühen zu erhalten – so darf dennoch das Gras nicht mehr wachsen.
Exakte Messungen haben ergeben, daß Strontium 90 – Teil des Atomstaubs, der

besonders bei Regen die Atmosphäre verderbenbringend anreichert – sich auf Grasflächen aller Art dicht und anhaltend ablagert. Also ist im Grünfutter viel Strontium 90 enthalten, das über die Milch die Kleinkinder gefährdet, aber über das Fleisch ja alle Menschen erreicht. Das Lagern im Grünen kann gefährlich sein. Beim Fußballspielen, beim Krocket im Garten, beim Golf ist heute stets der Tod zu Gast. Und ist es nicht Strontium 90, so sind es Bazillen, die mit den Abwässern, unvergoren auf Grünflächen verrieselt, diesen zwar eine intensive Farbe und fettes Wachstum verleihen, aber Seuchen und Epidemien im Gefolge haben können. Denn es ist wissenschaftlich erwiesen, daß Gräser zu Bazillenträgern werden können.

Erfordert es wirklich die Hygiene der überwiegend städtischen Gesellschaft, daß das Gras nicht mehr wachsen darf? Allem Anschein nach: ja! Die Grünflächen einer Stadt, aus hygienischen Gründen unerläßlicher Bestandteil verdichteter Wohnform, bestehen zum größten Teil aus Rasen. Nicht nur weil die Luft über Grünflächen abends schneller abkühlt als über dem Straßenbelag, nicht nur weil der weite Blick den von reflektierten Strahlen ermüdeten Augen wohl tut, sondern weil im Vergleich zu Baum- und Strauchpflanzungen Rasen unverzüglich »Effekt« macht. Rasen bindet den Staub innerhalb weniger Tage und verhilft Großbaustellen und anderen sanierungsbedürftigen Geländen zu momentaner Ordnung. Rasen kostet auch in der Anlage nicht viel.

Die Pflege des Grases aber macht fortwährend Mühe und letztlich viel mehr Kosten als jede andere Art von städtischer Anlage. Jede Rasenfläche muß während mehrerer Monate im Jahr im wöchentlichen Turnus geschnitten werden, soll sie einigermaßen ihr Gesicht behalten. Nur mit Maschinenarbeit ist es dabei auch nicht getan, weder im Garten noch im Park. Im Garten sind es die Kanten, die der Nacharbeit bedürfen, im Park muß die Sense behutsam unter den Gehölzen und um die Bäume herum das mähen, was die Maschine nicht erreicht. Dafür gibt es aber keine Arbeitskräfte, und überhaupt ist, wenn ein Pflegeetat vorhanden sein sollte, dafür meist kein Posten enthalten. Aus den Mieten des sozialen Wohnungsbaues läßt sich schwer eine sorgfältige, zweckmäßige Rasenpflege herauswirtschaften. Das ist der Grund, daß alle Grünflächen in den Städten – natürlich mit einigen Ausnahmen – in Kürze verunkrauten und verwahrlosen und an effektivem wie an ideellem Wert verlieren. Viel zu bald muß noch gar nicht Zusammengewachsenes von Grund auf erneuert werden. Das Gras dürfte eben nicht wachsen, dann wäre die uniforme, hygienegrüne Abdeckung leichter instand zu halten.

Und wohin soll denn schließlich all das abgeschnittene, grüne Gras gebracht werden? Manches bleibt einfach liegen. Es düngt angeblich. Aber es versauert vielmehr. Als winzig kleine Heuteile bei trockenem Wetter schaden sie wenigstens nicht. Das Abfahren größerer Mengen grünen Grases zieht das Weiterverarbeiten zu Kompost nach sich, der aber sicherheitshalber wieder nur für Grünlanddüngung verwendet werden sollte, um der Unkrautvermehrung auf den Pflanzflächen keinen Vorschub zu leisten.

Der Kampf mit dem Gras findet in den Städten nicht nur auf dem Rasen statt. Gras wächst und wächst – auf den Wegen, zwischen den Steinen, auf Blumenbeeten und auf Pflanzflächen ebenso wie in den Anzuchtquartieren. Die Erde will sich nun mal bedecken, und überall dort, wo etwas vereinzelt, wo etwas solitär herausgestellt werden soll, ob es nun Steine oder Wege sind oder ob es Blumen oder Gemüse oder Gehölze sein sollen, überall, wo wegen der Kulturen Teile des Bodens unbedingt offengehalten werden müssen, da kommt das Gras unverständigerweise nicht den Menschen zu Hilfe – sondern seinem Ur-Partner: der Erde. Es bedeckt sie.

Das Gras, wo es unerwünscht ist, wird Unkraut genannt, und der Mensch hat sich viele Arten der Unkrautvertilgung ausgedacht. Das Ausrupfen dessen, was nicht wachsen soll, ist eine uralte, simple, aber wirkungsvolle Methode für kleine Flächen. Das Aufhacken des Bodens, das Lockern und Lösen der Unkrautwurzeln, bewirkt, daß der unerwünschte Krautwuchs mit der Zeit nachläßt. Außerdem ist das Hacken, also die Belüftung des Bodens, für die Kulturpflanzen von Vorteil. Der Erfolg des Pflügens zwischen den Reihen hängt von der Bodenart und der Wetterlage ab. Hochgepflügtes Unkraut stirbt nur in sandigen Böden bei schönem Wetter, sonst wächst es in der gewendeten Krume um so besser, und die Maßnahme muß sehr bald wiederholt werden. Das Fräsen des Bodens zerschlägt zwar die darin befindlichen Keimlinge und Wurzelryzome, beeinträchtigt aber auch Kleinlebewesen und Bakterien und verändert die Bodenstruktur allzu radikal. Radikal ist auch das Bekämpfen des Grases dort, wo man es nicht haben will, mit Chemikalien. Doch erhöht ihre Anwendung unsere toxische Gesamtsituation, und es fragt sich, wie lange wir uns das noch leisten können. Nur zu häufig wird dabei außerdem mit dem Unerwünschten auch das Erwünschte vernichtet oder beschädigt.

Als biologischer Effekt ist das Ersticken des Unkrautes anzusehen. Wo die Kulturpflanzen dicht stehen oder wo ihr Wachstum das des Unkrautes übertrifft, verschwindet das Unkraut von selbst. Unkraut wächst als solches ja nur dort, wo der Boden es zu seinem eignen Schutze hervorbringen muß.

Daraus sollte für jede Grünanlage, ob Erholungslandschaft, Park oder Garten, gefolgert werden, daß es am wirtschaftlichsten und sparsamsten ist, den erwünschten Pflanzenwuchs von Anfang an so dicht und geschlossen vorzuschen, daß aller offener Boden möglichst bedeckt ist. Das Waldprinzip ist vorbildlich. Dieses Prinzip kann zu höchster Kunstform entwickelt werden, ganz abgesehen davon, daß gesellschaftliches Wachstum sich gegenseitig fördert und hochtreibt.

Natürlich kann man des Grases auch Herr werden, indem es unter Steinen er-

Die Kosten für die Pflege einer Anlage, ganz gleich, ob es ein Freizeitpark ist, eine Kunstlandschaft, ein Studentendorf, eine Gartenstadt oder ob es die städtischen Grünplätze sind, erreichen im Durchschnitt nach fünf Jahren die Höhe der Anlagekosten.

stickt wird. Unsere städtischen Straßen, die Autobahnen sind allzu bekannte Beispiele. Der ehemals vier Meter breite grasige Mittelstreifen zwischen den Fahrbahnen, der den Staub schlucken und den Lärm dämpfen sollte, ist vielfach auf eineinhalb oder auf einen Meter reduziert worden. Die ihm zugedachte Funktion kann er so kaum noch ausüben. Sein neuer Name »Technischer Mittelstreifen« besagt, daß die Grasansaat oder der ausgerollte Rasensodenteppich zum Baumaterial degradiert ist. Grund dafür sind die Pflegekosten und der Arbeitskräftemangel, insbesondere für gefährliche Arbeiten. Die Leitplanken machen, mehr als vordem Büsche und Hecken, die Handarbeit mit der Sense notwendig. Das staubige Gras, das zu Beginn des Autobahnzeitalters, wenn es nicht gar verfüttert wurde, als Packmaterial Verwendung fand, ist zu nichts mehr nütze, nachdem es mit den Scherben der aus den Fahrzeugen geschleuderten Flaschen und den Resten manchen Unfalls übersät ist. Besser wäre es, auch dieses Gras brauchte nicht mehr zu wachsen!

Verhängnisvoll ist der Graswuchs auf den Deichen. Nichts kann Grassamen hindern zu fliegen, und winzige Erdkrümel genügen dem Samen zum Keimen und zum Wachsen. Graswurzeln sind imstande, feste Bauwerke aus schweren Quadern zu sprengen. Aber Schafe sind in der Lage, selbst aus den tiefen Fugen der Deichbauten das Gras noch abzurupfen. Das malerische Bild weidender Schafe vor dem Hintergrund des Ozeans, vom hohen Himmel überwölbt, hat also auch einen ganz vernünftigen Aspekt – denn hier darf das Gras tatsächlich nicht wachsen ...!

Gras wächst dort nicht, wo viel gegangen wird. Zumindest bleibt es kurz. Nur harte Gräser sind trittresistent. Harte, kurzbleibende Gräser, aus der Gräsergesellschaft aussortiert und in Reinkultur ausgesät, ergeben Rasen, die tatsächlich kaum geschnitten zu werden brauchen, insbesondere dann nicht, wenn Schafe – oder die Tritte vieler Menschen – ihr Höhenwachstum noch beeinträchtigen. Nur bestimmte Grasarten reagieren auf das Getretenwerden mit dem Bilden immer dichterer fester Büschel. Für Flugplätze, für Sportrasen und für Reitbahnen werden Gräser in Reinkultur gesät, die sich in der natürlichen Gesellschaft als Trockengräser auf Magerweiden und als Binsen auf Torf finden. Nicht umsonst erinnert der Turf des Rennplatzes an den Torf der feuchten Niederung, der dennoch hartes Trockengras trägt.

Lawn-Tennis und Bowling-Greens und Golf sind in England, dem Lande des Rasens, traditionell. Die Mitgliedschaft in entsprechenden Vereinen ist Voraussetzung für die Teilnahme an diesen Spielen, dort wie überall in der Welt. Diese scheinbare Exklusivität kaschiert die ganz praktische Tatsache, daß die Flächen, auf denen diese Spiele ausgeübt werden, unerhört viel Pflege kosten. Die vielen kleinen oder die wenigen hohen Mitgliedsbeiträge ermöglichen das Instandhalten der Plätze, an dem mehrere Personen und verschiedenartige Maschinen

Tag für Tag beteiligt sind. Darum auch gehören Golfplätze und Grünspielplätze zu den schönsten und gepflegtesten Landschaftsteilen in der ganzen Welt, alle dem Vorbild der englischen Parklandschaften nachgebildet.

Andere Sportplätze werden aus Totogeldern und mit Wettgebühren instand gehalten. Die bewegungsfreudigen Sportler selbst oder ihre enthusiasmierten Zuschauer, die zu Zehntausenden das Spiel von einigen wenigen verfolgen, rühren keinen Finger, um das Gras wachsen zu lassen, um es kurz zu halten oder um es am Wachsen zu hindern.

Es gibt ein ganz besonderes Körpertraining, das alle Gliedmaßen beansprucht, das im rhythmischen Wechsel die Muskeln spannt und entspannt und das die so empfindlichen Rückenwirbel in therapeutisch drehende Bewegung versetzt. Es gibt eine Freizeitbeschäftigung, die sowohl Köpfchen als auch Temperament verlangt und die überdies nicht nur Spaß macht, nicht nur Selbstzweck ist, sondern außerdem eine besondere Wirkung auf unsere Lebensgrundlage ausübt und somit das Lebensgefühl steigert.

Es ist das Mähen – das Mähen mit der Sense. Würden Sensen so leicht und so verfeinert und so kostbar gemacht wie Golf- und Kricketschläger, und würde es Eintritt und Unterrichtsgebühr kosten, damit auf Übungswiesen mit verschiedenen Grasarten unterschiedlicher Dichte und Länge gemäht werden dürfte – Mähen wäre bald ein ganz exklusiver – oder besser: ein allgemein beliebter Volkssport. Nach abgelegter Prüfung oder nach erworbenem Diplom dürfte dieser Sport dann auch im eigenen Garten oder sogar im fröhlichen Wettstreit auf öffentlichen Anlagen und im Urlaub sogar auf richtigen Wiesen ausgeübt werden. Und dann dürfte das Gras nicht nur, dann müßte es ganz schnell wieder wachsen ...!

So aber bleibt die Frage des erwünschten und des unerwünschten Grases ein gar nicht leicht zu nehmendes landschaftliches und wirtschaftliches Verbrauchsproblem. Unkrautbekämpfung und Rasenschnitt als notwendige Kultur- und Pflegemaßnahmen sind zeitraubend, unproduktiv und langweilig und überdies termingebunden. Ähnlich wie Saubermachen, Waschen und Geschirrspülen müssen diese Arbeiten unendlich oft wiederholt werden, ohne daß sie anerkannt werden. Das Erhalten von Werten durch Geduld, Fleiß und Achtsamkeit steht weniger hoch im Kurs als das Produzieren von neuen Gütern. Volkswirtschaftlich gesehen ist diese Einstellung grundfalsch.

Die Kosten für die Pflege einer Anlage, ganz gleich, ob es ein Freizeitpark ist, eine Kunstlandschaft, ein Studentendorf, eine Gartenstadt oder ob es die städtischen Grünplätze sind, erreichen im Durchschnitt nach fünf Jahren die Höhe der Anlagekosten. Der Hauptanteil entfällt auf den unerläßlichen Rasenschnitt und auf die Unkrautbekämpfung, worüber häufig die Gehölzbetreuung und das Nachpflanzen und Ergänzen von Stauden und Rosen und ähnlichem zu kurz

kommen. Gelingt es durch die Art der Anlage, die Rasenflächen auf das äußerste zu beschränken oder ganz auf sie zu verzichten, so verringern sich die Erhaltungskosten, ohne daß Ordnung und Ästhetik zu kurz kommen – also ohne daß Landschaft verbraucht wird durch die unsachgemäße Anlage von Gärten, die später niemand pflegen will oder erhalten kann.
Bodenbedeckende Wucherpflanzen aus der Waldgemeinschaft, kriechende niedere Gehölze, wie sie natürlich an ariden Hanglagen auf wenig Mutterboden vorkommen, oder kurzes Büschelgras der Steppen brauchen weder Schnitt noch zusätzliche Bewässerung. Unkräuter kommen zwischen ihnen, sind sie erst einmal zusammengewachsen, schwer auf. Das Betreten braucht nicht verboten zu werden. Baumschatten beeinträchtigt diese Art Unterwuchs kaum.
Die idealen landschaftlichen Vorbilder der ganzen Welt werden fast ausschließlich zwei Bereichen entnommen: den ozeanisch feuchten Niederungen und den niederschlagsreichen Hügellandgebieten. Die Meere und die Berge sind Landschaften, die vorläufig noch unverbrauchbar, noch ziemlich natürlich erscheinen. Beide Landschaftsformen sind wiesenfähig. Ihr Habitus ist durch das Gras bestimmt.
Das Wort Gras gehört zur gleichen Wort-Sippe wie Grün.
Die Grannen des Getreides kommen vom gleichen Ursprung. Gras – grün – grannen bedeutet nichts anderes als spießen, sprießen, sich erneuern, sich verjüngen, mit jemandem sympathisieren, sich an etwas freuen – jemandem »grün« sein.
Und wer jung und unreif ist, ist eben noch grün.
Unser immer wiederkehrendes Entzücken am »Grünen Kleid« der Erde ist eine der elementarsten Gefühlsregungen überhaupt, eng verbunden mit der Liebe.
Trotzdem reagiert die auf Verbrauch dressierte und unterschwellig negativ gelenkte Menschheit allenthalben im großen und im kleinen auf die schädliche Aufforderung: Das Gras darf nicht mehr wachsen... jedenfalls nicht so, wie es will, und gar nicht, wo es will.
Je zäher die natürliche Bedeckung der Erde sich der Ausrottung durch den Menschen widersetzt, um so modischer ist die Verwendung von Ziergräsern aller Art im Garten am Haus. Gottlob eignen sich selbst die kräftigsten Sumpfgrasarten unter ihnen nicht zur Herstellung von Rohrstöcken. Im zukünftigen Weltraumzeitalter werden die Pädagogen der Erde ohne »spanisches Rohr«, das auf den Kehrseiten der Kinder zu tanzen pflegte, auskommen müssen – und in diesem Fall ist es dann doch wieder gut, daß »nicht alles Gras mehr wachsen darf...«.

Der Pflug

Die Abhängigkeit der Gesellschaft vom Bauern ist zumindest von Kriegszeiten her in jedermanns guter oder böser Erinnerung. »Der Ernährer« alias »der Vater« der nationalen »Familie« ist in der Vorstellung der meisten Menschen »ein Stück Natur«, das in Ruhe und Beschaulichkeit fernab vom Trubel für sich und die Allgemeinheit sorgt. Wenn die Landbau-Technik, als Kombination von Werkzeug und Methode, als »natürliche«, als folgerichtige Entwicklung im bäuerlichen Arbeitsgebiet betrachtet wird, mag diese Sommerfrischenperspektive bestehenbleiben. Beschaulichkeit garantiert sie allerdings nicht – und wie alle »Väter« ist der Bauer heute kritischen Spannungen ausgesetzt.
Sobald der »Europäische Markt« eingerichtet ist, spätestens 1970, wird des Bauern Ausschließlichkeitsstellung innerhalb seiner »Familie« erschüttert sein. Noch aber ist er mehr als ein »Verwaltungsbeamter«, der sein Gehalt – genannt Subvention – dafür bekommt, daß er die Landschaft »in Ordnung« hält.
Bis vor fünfzig Jahren etwa richtete sich die Ernährung des Volkes im großen und ganzen nach dem, was der Bauer produzierte. Was er aus dem jeweiligen Landstrich und dessen Bodengüte auf Grund der klimatischen Bedingungen und mit Hilfe des natürlichen Bewuchses hervorbringen konnte, wurde ihm abgenommen.
Heute muß der Landwirt darum bemüht sein, die Erträge seiner Wirtschaftsflächen jeweils auf die Ernährungswünsche seiner Konsumenten einzustellen. Verloren gehen dabei die landschaftlichen Merkmale der Ernährung. Das Brot schmeckt überall gleich, und Pumpernickel, Weizengrieß und Haferflocken, Wurst und Schinken, Butter und frischer Käse, auch Fische gibt es überall und zu jeder Zeit. Alles ist überall den gleichen Prozeduren ausgesetzt. Wenn auch nach alten Rezepten auf das exakteste und qualitativ gleichmäßig hergestellt – vom Aroma der Landschaft ist in unseren Lebensmitteln nichts mehr zu spüren. Und wer hebt schon noch einen Apfel vom Gras auf?
Je weniger körperliche Arbeit in den meisten Berufen und bei jeder Verrichtung notwendig ist, um so weniger Kohlehydrate werden im Körper »verbrannt«. Getreideprodukte und Kartoffeln sind heute in Deutschland weniger gefragt als

Locker zu zwei Reihen — eine zu sieben, eine zu acht Garben — zaunartig gegeneinandergelegt wurden die Mandeln im trocknen Nordostdeutschland.

früher. Je mehr Konzentration das tägliche Leben erfordert, um so höher ist die Beanspruchung der Nerven. Proteine werden benötigt und Vitamine. Eiweiß ist geballt in Fleisch und Eiern enthalten, Vitamine in Obst und Gemüse.
Die Umstellung der Landwirtschaft von der überwiegenden Getreidewirtschaft auf mehr Viehwirtschaft ist nicht nur eine Reaktion auf die Vollbeschäftigung. Die Veränderung des landschaftlichen Gepräges ist auch mit dem internationalen Markt gekoppelt. Es kann niemandem entgehen, daß in vielen Landschaften die Umstellung vom Getreide- und Hackfruchtbau in großen und kleinen Flächen auf Viehhaltung und Eiweißfutteranbau andere Farbnuancen in das uns so vertraute sommerliche Bild aus Gelb und Braun bringt.
Der wachsenden Bevölkerungsziffer angepaßte Intensivwirtschaften, die dem Boden auf kleinen Flächen mehrere hochqualifizierte Ernten in ununterbrochenen Wachstumsfolgen abverlangen, führen zwangsläufig zu mehr gartenmäßigen Anbauformen. Klimafreie Felder unter Glasbedeckung und unterirdisch beheizt, besonders dort, wo von Natur die Wachstumsbedingungen nicht eben gut genannt werden können, verbrauchen die Natürlichkeit des Landschaftsbildes. Schlechtes Wetter und schlechte Böden kann sich die Wirtschaft bald nirgends mehr leisten.
Hydroponischer Ackerbau ist noch im Versuchsstadium. Da werden Pflanzen in sterilen Sanden kultiviert. Mit Nährlösungen gesättigt wachsen sie – um das Erdreich betrogen – heran.
Asphalt, als Haut über den Boden verteilt, garantiert beim Freilandgemüsebau Wärmespeicherung und -rückstrahlung und gleichbleibenden Feuchtigkeitsgehalt der Krume. Das Wachstum der oberirdischen Teile wird davon positiv beeinflußt. Der Anblick aber ist zunächst erschreckend.
So abwegig diese und ähnliche tiefst-domestizierenden »Therapien« erscheinen mögen, so sind sie doch nichts anderes als Parallelen zur Stallviehhaltung, die für Jahrhunderte als recht und billig – und als sehr einträglich – galt.
Anbauversuche dieser Art geben zu Hoffnungen Anlaß, daß hierdurch woanders natürliche Wohlfahrts- oder Erholungslandschaften erhalten bleiben ... Die Konzentration der Ernährungswirtschaftsflächen könnte »Spielraum« und »Bewegungsfreiheit« für den Menschen ergeben.
Die Leistungsfähigkeit eines jeden Bodens ist das Produkt vieler Faktoren. Humus ist ein natürliches Vorkommen. Er kann erhalten und unterstützt, nicht jedoch gemacht werden. Bodensäuren und Spurenelemente beeinflussen die Verwertbarkeit der Mineralstoffe, die in den Unterböden enthalten sind oder die den Mutterböden künstlich hinzugefügt werden.
Der Boden wird von den Wurzeln der Pflanzen bearbeitet und belüftet, sowohl der autochthonen als auch der, die in Kultur stehen. Hinzu kommt die Einwirkung auf die Struktur durch die verschiedenen Werkzeuge des Menschen.

Untergrund und Klima arbeiten an der Verwitterung der Rohstoffe und beim Schaffen neuer Böden Hand in Hand. Oberirdische und unterirdische Wasser haben daran teil.

Die Benachbarungen von Wald, Feld, Wiese, See und Moor einerseits und von Stadt, Industrie, Bergabbau, Straße und Flugplatz andererseits haben Anteil an der Beschaffenheit der Böden. Kalter und trockener Wind aus Rußland wirkt anders als kalter nasser Wind aus Grönland. Nicht nur der Mensch registriert mit Blutdruck und Anfälligkeit auf Hochs und Tiefs und erhöhte Radioaktivität der Luft, sondern auch die Vegetation in der Landschaft.

Anfällig wird eine Landschaft für zerstörende Kräfte, wenn die Böden durch einseitige Kulturen allzulange beansprucht sind. Das ehrlichste Geschäft mit dem Boden ist das Hinzuführen von Nährstoffen. Stickstoff und Salze wie Kali, Salpeter und Phosphate sind auch Reizmittel, die zwar die Erträge momentan erheblich erhöhen, das Nachlassen der Böden auf die Dauer aber beschleunigen. Falsche Ökonomie führt unweigerlich zum Verbrauch der Landschaft.

Gar keine Ökonomie aber auch. Böden, die unter Kultur stehen – in Deutschland also fast ausnahmslos alle, wenn auch mit sehr unterschiedlichem Ausnutzungsgrad –, dürfen nicht ohne langfristigen Schaden für die Einheit der Landschaft ungenutzt liegenbleiben.

Das Ergebnis der Anstrengungen um befriedigende Erträge, die die landwirtschaftlichen Produktionsgenossenschaften im sowjetisch besetzten Teil Deutschlands machen, ist besonders dort in Frage gestellt, wo seit Abwanderung vieler Bauern ein hoher Anteil der Äcker und Plantagen jahrelang unbearbeitet blieb. Radikaler Maschineneinsatz auf zusammengezogenen, von Obstbäumen und -sträuchern und Feldgehölzen befreiten Flächen verspricht kaum biologischen Ausgleich dort, wo bis dahin mit Handwerkzeugen und Pferdegespannen gearbeitet und mit der aus der Bodenständigkeit erworbenen Erfahrung gewirtschaftet wurde. Noch ist dort und sind hier die Ackerstufen als Oberflächenstruktur erkennbar, die durch das Pflügen und das Wenden des Bodens immer in der gleichen Richtung entstanden sind.

Planierte Plantagen, Terrassen, Weinberge, von Hand einmal geschaffen, um sie der Bearbeitung mit Gespann und Gerät zugänglich zu machen, formen, selbst unter ganz anderen Nutzungsaspekten, heute noch die Landschaften. Wie lange noch?

Nicht nur in Indien, Indonesien und China, sondern in fast allen »Entwicklungsländern« wird der Sprung von der bäuerlichen Wirtschaftsweise zur Rentabilitätsmethode, von der Handarbeit zum Maschineneinsatz ohne Zwischenglied gemacht.

Im »Fernen Osten« waren bis vor kurzem, in Europa bis weit über das klassische Altertum hinaus Brauchtum und Kult unlösbar miteinander verbunden. Der

Unglücklicherweise liegt Braunkohle häufig unter besten Ackerböden. Sie müssen in jedem Fall als verloren gelten.

Fruchtbarkeit der Erde dienten Riten und Gebräuche, von denen die Methoden der Kompostbereitung wahrscheinlich die allerältesten sind. So alt jedenfalls, wie Menschen Gärten und Äcker bestellen.
Die Düngerwirtschaft ist jünger. Dünger ist »unreif« im Vergleich zu Kompost. Dünger, der vollkommen vererdet ist, was entweder nach Jahren von selbst oder mit biologischen Impfungen bereits nach 6 bis 10 Monaten der Fall sein kann, ist weit ausgiebiger und wirksamer als frischer Mist.
Mineralische Düngesalze, aus dem Sack mit schweren Maschinen aufs Feld gestreut, erzielen schnelle, jedoch vergleichsweise kurzfristige Wirkung.
Der Boden und die Landschaft verbrauchen ihre natürlichen Kräfte stets unter Zeitdruck am stärksten.
Weil die zunehmende Bevölkerungszahl und die dadurch bedingte Rationalisierung der Landwirtschaft nicht aufgehalten werden können, besteht mehr denn je die Notwendigkeit, Bodenstruktur und Bodenleben zu pflegen. Weil bei steigenden Löhnen die Kaufkraft größer wird, muß die Nahrungsmittelproduktion auf Kosten der permanenten Fruchtbarkeit andauernd steigen. Davon wird uns auch der »Gemeinsame Markt« nicht befreien. Die geforderte Qualität der Produkte soll um der Volksgesundheit willen nicht sinken. Wenn aber die erzeugten Nahrungsmittel den Böden das Leben kosten, dann kommt der Grund, auf welchem die Menschheitsentwicklung sich aufbaut, ins Wanken.
Auswaschungserscheinungen, Aushagerungen, Staubstürme, Humusabtrag und Mutterbodenverluste werden uns täglich vor Augen geführt. Sie sollen unsere Aufmerksamkeit erregen. Der Landschaftsverbrauch muß uns erschrecken.
Ein »jungfräulicher« Boden enthält an organischer Substanz etwa 6%. Sinkt durch Bestellung und Benutzung der Anteil auf weniger als 1,5% herab, so können Stickstoffgaben und mineralische Dünger nicht mehr angreifen.
Infolge der auf besondere Gebiete konzentrierten Viehhaltung fehlt in Gegenden, wo Getreide- oder Hackfruchtbau lohnt und mit größtmöglicher Ausschließlichkeit betrieben wird, Stallmist, der die organische Substanz im Boden so weit konstant zu halten vermag, daß auch Kunstdünger wirkungsvoll bleiben.
Erst recht wirkt sich in dieser Beziehung das Fehlen von Pferden, Stallvieh und Kleingetier bei den Intensivkulturen gärtnerischer Betriebe aus. Durch den vermehrten Weidegang der Rinder wird auch in den Viehhaltungsbetrieben der Miststapel kleiner. Die Umstrukturierung der Landwirtschaft drückt sich in der Spezialisierung der Betriebe aus. In sich autarke Betriebe sind weniger rationell. Aus diesem Grund wird seit einigen Jahren eine ausgedehnte Forschung betrieben, die das Kompostieren von einem »Brauch« oder einer »Kunst« in ein exaktes quantitatives Verfahren überführt. Die Hinzunahme aller Zerfallstoffe, die die menschliche Gesellschaft in den Ballungsgebieten der Besiedlung dazu liefert, ist das wirtschaftliche Moment dabei.

Ein »Humus«, der von Pflanzenresten, Stadtmüll und Stallmist stammt, ist noch kein Dünger, unter dem im allgemeinen Pflanzennährstoff verstanden sein soll. Der Boden braucht außerdem Kalk, Magnesium, Spurenelemente, vor allem aber eine Zufuhr organischer Substanz speziell zum Aufbau oder zur Förderung des bakteriellen oder pilzparasitären Bodenlebens. Die Struktur des Bodens wird durch Kleinlebewesen bis zur Größe eines Regenwurmes gebildet.

Bei der Forschung geht es um die sogenannten Kompoststarter, biologische Fermente, die den Verfall heterogener Substanzen zu einem einheitlichen Erdprodukt beschleunigen sollen. Jeder Abfallhaufen wird in Jahren zu Erde. Beschleunigt wird der Verfall durch sorgsames Schichten der Materialien und durch wiederholtes Umsetzen, also Durchlüften. Aber die Mengen, die in den Städten anfallen, die Massen, die in der Wirtschaft wieder gebraucht werden, müssen schnell und billig, also ohne zuviel Aufwand und Arbeit auf verhältnismäßig kleinem Raum zu gutem, garem Kompost verarbeitet werden, der sich überdies verpackt in alle Gegenden des Landes verschicken läßt. Das ist eine der Zwangsauflagen, in denen sich Stadtwirtschaft und Landwirtschaft begegnen.

Der Zustand der Landschaft fordert ja beides: die Beseitigung des Abfalls, der ein Problem Nummer eins ist, und die Erhaltung der Bodenfruchtbarkeit durch vollwertige Ergänzung der abgebauten biologischen Bestandteile.

Während es sich bei der Kompostierung und Kompostverwertung im Garten und auch in der Landwirtschaft um wertvolle betriebseigene Produkte handelt, liegt das Problem bei den Städten anders. Da entfallen normalerweise die Restprodukte durch Abfallverbrennung und durch Müllkippen überhaupt ganz dem biologischen Kreislauf und gehen der Wiederverwendung verloren.

Angesichts des Verbrauches an Boden und Fruchtbarkeitsstoffen können wir es uns aber eigentlich nicht und nirgends leisten, dort, wo das Rückführen möglich ist, auf die Chance von »Humusgewinnung« zu verzichten. Häufig wird, um die Verfallsprodukte zu binden und zu entgiften, Torf als Saugstoff verwendet. Doch Landschaftsverbrauch ist es auch, wenn quadratkilometerweise abgetorft wird. Der Wasserhaushalt erweist sich nachher dort als gestört, und der Pflanzenbestand ist vernichtet. Die Wiederbegrünung zeigt später ganz andere Pflanzengesellschaften.

Gerade weil der Anteil städtischen Lebens und städtischer Zivilisation so ungeheuer zunimmt, muß versucht werden, auch aus den Abfällen der Städte vollwertigen, qualitativ hochstehenden humosen Dünger zu erzeugen und diesen der Land- und Gartenwirtschaft und – übergeordnet – der gesamten Landschaft zugute kommen zu lassen.

Stadtmüll enthält, grob überschlagen: Gemüse- und Obstabfälle, Straßenkehricht, Abfälle der Gärungs- und Konservenindustrie, Schlachthausabfälle und Miste, Fisch, Haar, Stroh, Holz und Holzwolle, Papier und andere Zellulosen,

Die Wrackberge wachsen, und die Verkehrslawine bringt immer »neue« Veteranen herbei.

Textilien aus Wolle und Baumwolle, Kaffee-, Tee-, Kakaoabfälle, Abfälle aus der Pflanzenfaser-Industrie und aus der Zuckerverarbeitung, Ruß, Staub, Asche usw. Außerdem lassen sich Klärschlamm und auch Fäkalien in bestimmten Anteilen unter Zusatz von wertlosen Erden, z. B. Aushub, Bauschutt und Sanden, beimischen, wenn dafür jeweils der gemäße Kompoststarter Anwendung findet. Es kann gelingen, wirklich durchgegorene Komposte zu erzeugen, in einer Beschaffenheit, die dem Elementar-Humus so ähnlich wie möglich ist. Bodenschädigungen und deren Rückwirkung auf Mensch und Tier sind behoben, wenn der Kreislauf wieder geschlossen werden kann, ohne daß neue hygienische Gefahren oder erneute landschaftliche Schäden heraufbeschworen werden.

Das Einarbeiten von frisch-fauligen vegetabilen Abfällen, besonders aber die der Schlachthäuser und die der Fischverarbeitung, versauert die Böden. Krankheitskeime, Würmer und Maden entwickeln sich und ziehen Ratten, Mäuse und anderes Ungeziefer heran.

Was sich aber nicht kompostieren läßt, sind Bleche, Gläser, bestimmte Kunstharze und Teerprodukte. Vieles hiervon kann sortiert, zermahlen oder geschmolzen werden. Es ist eine Frage des Steueraufkommens einer Stadt und hängt von der Einsicht ab, ob und wieviel von diesen Mitteln für eine sinnvolle Landschaftshygiene verwendet wird. Meistens aber werden lediglich irgendwelche Sandentnahmestellen, ausgebaggerte Kiesgruben oder alte Steinbrüche, leider auch oft Moore und Luche mit Dosen, Eimern, Wannen, Bettspiralen, Drähten, Kanistern, Kleinmöbeln, Flaschen, Scherben, Geschirren, Hülsen, Autoreifen und Kinderwagen angefüllt und zu Orten des Grauens gemacht. Ehe nach Jahren die Planierraupe Boden darüberschiebt, bieten sie einen Anblick – brutaler als die Richtstätten mittelalterlicher Gerechtsamkeit.

Auf dem Land ist aber dieses Problem noch weit weniger gelöst. Bei jedem Dorf, in jedem Wald, wo immer ein Weg nah an einer Schlucht, an einem Bach, zu einem See führt, hinter jedem Einödgehöft, neben jeder ländlichen Werkstatt finden wir – wie früher nach einem Zigeunerlager – die bunten Reste der Verpackungs- und Werbeindustrie, die aufdringlicher, als die Produkte es wert waren, ihren Inhalt peinlich überleben. Papierne Kunstdünger- und Betonsäcke haben, vom Wind über Wald und Feld verstreut, trotz Regens ein zähes Leben.

Die Autofriedhöfe in der Landschaft – Ernterückstände des Schnitters Tod – sind nicht zu übersehen. Die Wrackberge wachsen, und die Verkehrslawine bringt immer »neue« Veteranen herbei, deren Verwertung angeblich keine Rendite mehr abwirft. Die Unkosten, aus Löhnen und Transporten zusammengesetzt, übersteigen den Erlös aus Einzelteilen. Unterpflügen lassen sie sich aber auch nicht so ohne weiteres.

Der Pflug hinterm Traktor und der Motorpflug veranlassen trotz oder gerade wegen ihrer Geländegängigkeit bei jedem Wetter Schädigungen eigener Art an dem für »unser täglich Brot« so unentbehrlichen Ackerboden. Bleibende Verdichtungen und die Verringerung des Porenvolumens, besonders bei schweren und mittelschweren Böden, sind Folgen mangelnder Wachsamkeit. Sie werden oft erst nach Jahren offenbar. Ehedem arbeiteten »grobe« Bauern mit einfachen Geräten so lange, bis ihr Acker eine feine Krume bekam. Heute aber – scheint es – gehen »feine« Bauern mit groben Maschinen sehr *fahrlässig* mit dem Boden um.

Seitdem der Bauer nicht mehr hinter dem Pflug geht, sondern ziemlich flott seinem Pflug vorwegfährt, hat sich sein Verhältnis zum Boden anscheinend überhaupt verändert. Wenn der Landmann mit seinen schweren Maschinen die öffentlichen Forst- und Feldwege mit jedem Jahr tiefer und breiter ausfährt, ohne sich Zeit zu entsprechender Pflege zu nehmen – wird eben sein Acker von Jahr zu Jahr kleiner. Bezieht er diese Verluste in seine Kalkulation mit ein? Wenn er selbst breite Auffahrtsspuren in seine Wiese drückt, ohne gelegentlich dafür zu sorgen, daß auch dort wieder Gras wächst, braucht er sich nicht zu wundern, wenn die Erholungsuchenden sonntags dort lagern, wo montags gemäht werden sollte. Wo ein Traktor gefahren ist, kann jedes Auto auch hin. Der Bauer gibt das Beispiel, wenn er selbst sein Auto mitten im Feld stehen hat. Wo außerdem lediglich Jahr für Jahr flachgründig der Mutterboden gewendet wird, verdichtet der Druck der Pflugschar, immer auf der gleichen Schicht des Bodenprofils, diesen zu einer harten Pflugsohle. Hierdurch wird das kapillare Wasseraufstiegsvermögen unterbunden. Niederschläge aber stauen sich darüber, ohne den tieferen Schichten zugute zu kommen. Der so wesentliche Austausch des Oberflächenwassers mit dem Grundwasser ist behindert. Außerdem ist der beackerte Mutterboden von der Zufuhr mineralischer Stoffe aus den tieferen Bodenschichten isoliert; viele der zugeführten Nährstoffe bleiben daher ungelöst und unausgenutzt. Zur biologischen Verjüngung des Ackers werden alle Böden, wird die Erdsubstanz als Einheit gebraucht.

Gerade bei leichten, bei staubigen Böden geringerer Güte ist die permanente Vermischung mit den Unterböden im richtigen Verhältnis von Bedeutung. Das hängt allein von der zentimetergenauen Einstellung und von der Schärfe der Pflugschare ab. Die Entscheidung hierüber trifft der Bauer auf Grund seiner Beobachtung.

Bestimmte Unkrautarten – oft von weit her eingeschleppt – können durch ihre Überhandnehmen die Weiterbearbeitung der Äcker ganzer Landstriche in Frage stellen. Die Kosten der Bekämpfung verschlingen den möglichen Gewinn. Der wohlberechneten Einstellung des Pfluges unter Mitnahme von gerade so viel Unterböden, daß die Wurzelrhizome zerschnitten sind, verdankt dann oft der Bauer »das Brot«.

Jeder Acker unter dem Pflug bietet Wind und Sonne größere Verdunstungsflächen dar als beispielsweise die geschlossene Grasnarbe. Die Intensivkulturen hochveredelter Nahrungsmittel, auf deren Anbau unsere Wirtschaft von Jahr zu Jahr stärker angewiesen ist, sind sogar meist auf künstliche Bewässerung abgestellt. Gärten werden gesprengt, Felder werden berieselt, Bäume werden gegossen. Bisweilen werden selbst Weiden und Wiesen mit temperierten Industrie-Überwassern beregnet, um das Wachstum über die Zeit hinaus anzuregen. Um 1 Kilogramm Pflanzenmasse zu erzeugen, werden 500 Gramm Wasser gebraucht. Für die Land- und Forstwirtschaft im Bundesgebiet wird etwa zehnmal soviel Wasser gebraucht, wie der Wasserbedarf von Industrie und Siedlung ausmacht. Nur ist hierbei ein wesentlicher Unterschied. Die Vegetationswirtschaften *gebrauchen* Wasser. Die übrige Wirtschaft *ver*braucht Wasser. Gebrauchtes Wasser wird im natürlichen biologischen Kreislauf gereinigt und verjüngt. In seiner Qualität wird es nicht beeinträchtigt. Für verbrauchtes Wasser bedarf es teurer und umständlicher Verfahren, um es hygienisch einwandfrei der Wirtschaft noch einmal zuzuführen.

Durch andauerndes Bewässern versalzen die Oberböden. Auch Süßwasser hat einen bestimmten Salzgehalt. Je schneller die Verdunstung des Wassers vor sich geht, um so intensiver ist der Salzniederschlag im Boden. Die Böden alkalisieren, wo das Beregnungswasser den Austausch mit dem Grundwasser nicht erreicht. Die Pflanzenentwicklung wird ungünstig statt günstig beeinflußt. Mit Gewalt ist also nichts zu machen. Kulturarbeit in der Landschaft ist in jeder einzelnen Phase eine Frage von Maßstab und Fingerspitzengefühl.

Das Phantom vom seßhaften Bauern »fernab vom Trubel und alles ganz natürlich« verblaßt bei näherem Hinsehen. Heute ist der Bearbeiter agrarwirtschaftlich genutzter Flächen ein vielseitig ausgebildeter Bodenmechaniker und Pflanzenspezialist, der – wo es ihm paßt und wie es ihm paßt – Land kauft oder pachtet, seine Ländereien um der besseren Bewirtschaftung willen zusammenlegt oder sie auch verkauft. Er kann vorübergehend oder dauernd sein Land auch einer anderen als der landbaulichen Nutzung zuführen. Kein Flurzwang bindet ihn mehr an Scholle und Wirtschaftsform. Er ist ebenso freizügig wie der Städter. Noch hindern ihn außer der Bindung an die Tradition meist die Langfristigkeit seiner Kulturmaßnahmen und die damit verquickten Wirtschaftlichkeitsberechnungen und auch die Kapitalzinsen und Kredite daran, von der Möglichkeit öfteren Wechsels Gebrauch zu machen.

Das Reichssiedlungsgesetz von 1919 legte unmißverständlich fest, wie der Boden, selbst wenn er Eigentum – also Privatbesitz – war, verwendet, wieviel davon besiedelt und an wen gegebenenfalls davon verkauft werden durfte. Das jüngere Grundstücksverkehrsgesetz enthält keinerlei Regelungen, die eine ausreichende Handhabe bieten, Bodenspekulationen zu unterbinden. Von Staats wegen geforderte großzügige strukturelle Umplanungen, die den Bestand der Landschaft durch bestimmte, lohnende, vegetationswirtschaftliche Nutzungen sichern sollen, können nur unter langwierigen, oft schwierigen, vielerlei Interessen koordinierenden Verhandlungen realisiert werden. In Deutschland ergibt sich aber aus der politischen Teilung und aus der übernatürlichen Zuwachsquote der Nachkriegsjahre infolge des Flüchtlingsstromes die Notwendigkeit bedachter Planung. Schon lange sind die Dörfer nicht mehr ausschließlich Standorte der Nahrungsmittelproduzenten und der mit der Agrarwirtschaft verbundenen Gewerbe. Sie bieten sich als neue Kristallisationskerne für Industrien an, die sich aus den städtischen Ballungsräumen heraus zur Dezentralisation entschließen. Sie sind andererseits Arbeiter-Wohn-Dörfer, von denen aus oft 60 bis 80 % der Einwohner in die erreichbaren Städte einpendeln. Glücklich die Dörfer, die, durch ihre Lage in der Landschaft besonders begünstigt, zu Erholungszielen der städtischen Bevölkerung werden. Oder ist das vielleicht auf die Dauer gesehen auch kein Glück?

Bei Umstrukturierungen, Aussiedlungen, Zusammenlegungen der landwirtschaftlichen Betriebe und ihrer Wirtschaftsflächen wird häufig auf Grund einseitiger ökonomischer Berechnungen genauso rücksichtslos in die Landschaft vorgestoßen, wie es auch die Städte bei der Vertretung ihrer Interessen tun. Böse Vorbilder verderben gute Sitten.

Stadt und Land gleichen sich an und kommen sich entgegen. Dagegen ist nichts einzuwenden. Muß denn aber diese Verständigung auf der niedersten Stufe der Kultur stattfinden?

Landschaften, wie wir sie heute kennen, sind das Ergebnis von »cultura« – von Arbeit am Boden durch unzählige Generationen. Der Stand auf der Spitze einer Pyramide verlangt besonderen Sinn für Balance.

Die Beute

In unserem Sprachgebrauch hat das Beute-Machen einen bitteren Beigeschmack. In Beute schwingt Unrechtmäßiges mit. Beute ist das mit Gewalt oder mit List Eingebrachte. Beute ist etwas, das geraubt oder geplündert wurde, etwas, das ohne damit verbundene Arbeit erworben werden soll. Beute ist Kriegsgut, Diebesgut, ist Jagdtrophäe. Ausgebeutet werden Länder, Wälder, Meere und Bodenschätze – auch Menschen und Tiere. Etwas erbeutet zu haben, setzt anderes voraus, als etwas zu ernten. Der Unterschied liegt in der Einseitigkeit aller Handlungen, die auf Besitz und Erfolg gerichtet sind, ohne daß eine Rückerstattung, eine Bezahlung, ein Wiedergutmachen oder womöglich eine Rekonstruktion dabei in Betracht gezogen wird.
Wo das Wort Beute in irgendeinem Zusammenhang auftaucht, wirft es ein eigenes Licht auf das Verhältnis, das sich zwischen Mensch und Umwelt seit dem ausgehenden Mittelalter herausgebildet hat. Denn vor dem 14. Jahrhundert, soweit sich Wortbildung und Sprachgebrauch exakt zurückverfolgen lassen, wurde Beute (bute, bi-ûte) als Handelswort und als Handlungsbegriff für Tauschen und Wechseln, für Verteilen, für Nehmen und Geben und auch für Etwasschuldig-Sein verwendet.
Bis dahin war wohl die moralische Grundlage des Verhaltens der Umwelt gegenüber noch intakt. Sie war im Glauben an Ausgleich und Gerechtigkeit gebunden. Die Tätigkeit des Menschen innerhalb seiner Umgebung – noch lange über die Zeit der frühen Kulturen, der Zeit des Sammelns und des Entdeckens von Neuland hinaus – war von Ausbeutung weit entfernt.
Beute ist aber auch in einem andere Sinn »Zeitbegriff«. Wer Beute zu machen versucht, möchte schneller, als es durch reguläre Arbeit möglich, schneller, als es etwa durch das Abwarten naturgemäßer Abläufe gegeben ist, einen Zustandswechsel erzielen.
Die Dringlichkeit der Aufgabe, eine sich schnell und schneller vermehrende Weltbevölkerung mit den notwendigen Gütern und der ausreichenden Nahrung zu versehen, zwingt gewissermaßen zur Eile und hat Zeitnot im Gefolge.
Das Beute-Machen wird zur Notwendigkeit. Die Ausnutzung aller erdenklichen

Bei der Wiederbegrünung von Kippen und Halden macht außer dem Fehlen von Feinböden, Humus und Nährstoffen und außer der Anwesenheit von extremen Säuren und giftigen Rückständen die Wasserhaltung besondere Schwierigkeiten. Wind- und Wassererosionen, Überflutungen und Böschungsrutsche weisen auf ungleichmäßige Zustände im Innern der Aufschüttungen hin.

Möglichkeiten resultiert aus einer Zwangslage. Rasche Entscheidungen verhindern das Durchdenken möglicher Folgen. Niemand kann sich dieser Auseinandersetzung mit der Gegenwart entziehen. Eine Orientierung am Ursprung aber verhilft, im Einzelfall und ganz allgemein neue Maßstäbe zu erarbeiten. Fest eingefügte Irrtümer werden oft leichtfertig als Ideologien angenommen. Noch in der Mitte des vorigen Jahrhunderts war das Botanisieren eine beliebte Freizeitbeschäftigung. Das Sammeln von Pflanzen in fremden Erdteilen auf entbehrungsreichen Reisen hat die botanische Wissenschaft vertieft und ihre Grundlagen erweitert. Das bekannte heimische Pflanzengut, das die Grundlage aller landbaulichen Aufbauarbeit darstellt, wurde durch diese Exkursionen um zahllose Arten und Sorten bereichert. Mit ihnen wurde gekreuzt und gezüchtet. Noch immer ist diese Sammel-Tätigkeit nicht abgeschlossen. Das Innere Südamerikas und Zentralafrikas, der Libanon und das chinesische Hochland, die Tatra, Sibirien und Australien, selbst Tirol und der Jura bergen noch viele Pflanzengeheimnisse.

Das Sammeln von Pflanzen in Deutschland beschränkt sich heute auf wilde Beeren und Pilze im Wald. Arzneikräuter werden heute auch feldmäßig angebaut, da der Bedarf die Kapazität der Sammler von Wildpflanzen bei weitem übersteigt. Seltene Pflanzen werden vor der Beutegier der Naturfreunde gesetzlich geschützt. Auch wenn es nur einige wenige eines Millionenvolkes sind, die mit Eifer an entlegenen Orten nach Raritäten suchen, so sind es ihrer doch zu viele, um sie »frei laufen« zu lassen. Unsere kulturtechnischen Maßnahmen, der Bergabbau und das Düngen fast aller Flächen verändern die Standorte biologisch so grundlegend, daß Orchideen, Edelweiß, Alpenrosen, Seidelbast, Iris, Trollblumen, Maiglöckchen, Straußfarne, Federgräser, Felsennelken, Küchenschellen, Stranddisteln, Akeleien, Seerosen und manch anderes »selten« werden und vor dem Zugriff gesichert werden müssen. Das Fotografieren der Pflanzen ist allerdings noch erlaubt, und die »Beute« des »Wanderers« besteht heute in »Bildern« der Natur, die das Mitnehmen ohne Verpflichtung gestatten.

Imkerei, heute ein sehr systematisch und korrekt betriebenes, auch ganz einträgliches Geschäft, war früher auf reinen Raubbau begründet. Sie trug ihren Namen »Beutnerei« mit Recht. Im Gegensatz zu heute, wo die Bienen geschont, Königinnen gezüchtet werden, wo die Völker gefüttert und in sauberen Häusern vor Schädigungen aller Art behütet werden, gehörte damals die Biene zum jagdbaren Getier des Waldes. Allerdings standen Bienen unter einem gewissen »Tabu«, galten als heilig. Um sie aus dem Waldhaushalt nicht zu verlieren, wurden ihnen »Stöcke« gerichtet. Es wurden in Waldbäume Löcher gehackt, auf daß die Bienen sich dort ansiedeln sollten. Das ging so weit, daß es gebietsweise keinen heilen Baum im Wald gab, mit ein Grund zu der Waldbestandsminderung vor der naturwissenschaftlichen Zeit.

Heute noch finden wir beispielsweise in den Waldgebieten Österreichs ganze Schwarzkiefernforste mit tiefeingekerbter Rinde in mehreren Ringen, an deren unterstem an tiefster Stelle ein tüllenartiges Blech eingeschoben ist, über das in einen kleinen darunterhängenden Tiegel das Blut des Baumes, das Harz, tropft. Dieses wird u. a. zur Herstellung von Kolophonium gebraucht. Jeder Geigenton ist also mit Baumblut bezahlt. Schönheit und Wohllaut werden stets mit Verderben und Verbrauch an irgendeiner anderen Stelle der Welt entgolten. Die Pecherei ist, wenn sie sachgemäß betrieben wird, nicht unbedingt der Tod des Waldes, aber wie alle einseitige Nutzung doch Raubbau an den Wachstumskräften.

Die Kräfte der Natur dürfen ohne Schaden voll ausgeschöpft werden, solange das Gleichgewicht zwischen Tieren – Haustieren sowie Wildtieren – und dem Pflanzenbestand im Verhältnis zur Bodenbeschaffenheit und zum Wasserhaushalt und im Zusammenhang mit dem Klima erhalten oder, genauer gesagt, unter Kontrolle bleibt. Denn das Natürliche und Lebendige, so wie wir es kennen, ist ja bereits vom Menschen beeinflußt und darum niemals vollkommen im biologischen Gleichgewicht. Ausnahmen bilden, wie behauptet wird, die Meere und die Hochgebirge. Sie gelten als einzig natürliche Natur.

Daß die Meere von Schiffen befahren werden, die mit erheblichen Mengen Öl aus ihren Maschinen und Tanks die Küsten und Flußmündungen verschmutzen, wird dabei vergessen. Daß beispielsweise für den Fang von Walfischen Prämien ausgesetzt werden, was eine merkliche Abnahme dieser Wassersäugetiere zur Folge hat, kommt einer Ausbeutung der Meere gleich. Überhaupt ist das schwere Geschäft der Hochseefischerei rückläufig seit der Einführung des Echolotes und, seitdem telegrafische Gesellschaften und jetzt auch die Post ihre Kabel von Kontinent zu Kontinent verlegten. Von den über die Strecke verteilten Relaisstationen gehen elektrische Impulse aus, die das empfindliche Reaktionsvermögen der Fische ansprechen. Das Harpunisieren mit Hilfe starker Scheinwerfer ist eine Übervorteilung der Früchte des Meeres – ist Meeres*beute*. Das Tauchen und Tieftauchen beutet »nur aus Sport« den Meeresboden aus, wo er noch unberührt war. Die Annahme, daß der Flugverkehr von und zu den Flugzeugmutterschiffen, die ganze Unruhe in und über der Wasserfläche das Leben der Seetiere beeinflussen, ist schwer zu widerlegen. Die – man könnte sagen – industrielle Ausbeutung des Meeres läßt die Heringsschwärme spärlicher und die Schollen seltener werden, weil die Jungtiere nicht mehr ausreifen. Die großaufgezogene Fischverarbeitung und Fischkonservierung ist jetzt das beutehungrige Ungeheuer, das auf Gedeih und Verderb gefüttert werden muß, damit die dabei beschäftigten Menschen ihre Arbeitsplätze und ihren Unterhalt nicht verlieren und damit das investierte Kapital sich verzinst.

Die Beute für die Jäger wird durchschnittlicher. Zwar gibt es Schwarzwild und

Rotwild, auch Damwild genug in den Wäldern, doch nur weil die Tiere geschont und gepflegt werden. Selteneres Wild sind Gemsen, Murmeltiere, Dachse, Ottern, Biber und Luchse. Hasen und Rebhühner werden weniger, Fasanen werden fast wie Haustiere aufgezogen. Waldschnepfen, Turteltauben, Häher und Haselwild, See- und Fischadler, Falken und Weihen kommen dem Jäger kaum mehr vor die Flinte. Leoparden werden viermal so viele geschossen wie nachwachsen. Auf Elefanten wird um hoher Prämien willen zuviel Jagd gemacht. Die meisten wilden Tiere Afrikas sind im Rückgang begriffen. Die Singvögeljagd in Italien – ein dort altgeübter Brauch – rottet, seit auch die Apenninenhalbinsel ein übervölkertes Land mit einem hohen Prozentsatz an Kindern und Jugendlichen ist, einen großen Teil der Zugvögel aus, ehe sie zu ihren Nistplätzen in den gemäßigten Klimaten zurückkehren.

Im Verkehr sterben viele Tiere des Waldes, geblendet von den Scheinwerfern, die, wären sie gelb wie Nebellichter, den Tieren weniger Panik bereiten würden. Kanäle und begradigte Bäche mit glatten, steilen, betonierten Rändern und Flüsse, deren Ufer infolge der künstlich erhöhten Fließgeschwindigkeit oft mehrere Meter hoch über dem Wasser stehen, fordern Tieropfer in großer Zahl. Die durstigen Rehe, Füchse, Sauen, Hasen suchen das Wasser zu erreichen, stürzen hinein oder können den Rückweg nicht nehmen und erschöpfen sich in qualvollen Versuchen.

Daß die instinktsicheren, anpassungsfähigen Wildtiere jemals Beute der Kulturtechnik, Beute des Verkehrs, Beute der Nachrichtenübermittlung werden könnten, als Folge der Maßnahmen, die fort und fort Raum und Mittel für die steigenden Ansprüche der Menschen schaffen müssen, konnte bei aller Voraussicht kaum einkalkuliert werden. Erfahrungen müssen immer zuerst einmal gemacht werden. Wenn wir auf die von Menschen geschaffene Kulturlandschaft, die die Trägerin unseres materiellen Daseins ist, stolz sind, müssen wir – wenn wir ehrlich sind – auch alle wirtschaftlichen Notwendigkeiten mitsamt den gegebenenfalls darin enthaltenen Fälhnissen und Irrtümern bejahen. Gerade deswegen liegt es mehr denn je in unserem Interesse, die Landschaften »unter Kultur« zu halten und sie nicht zur Beute der Bodenspekulation oder des Tourismus werden zu lassen.

Bauerwartungsland und Sommerfrischenlandschaften haben eines gemeinsam: sie werden im Wert hochgetrieben. Dies äußert sich im Quadratmeterpreis oder in der Kurtaxe, obwohl in Wahrheit der Wohnwert und der Erholungswert zurückgehen. Wo die Kulturarbeit am Boden nachläßt, unterbrochen wird oder ganz aufhört, wo die Aufmerksamkeit von der Landbestellung – aus welchen Motiven auch immer – abgelenkt wird, gleitet die Existenzgrundlage schnell vom Zustand der Kultur in den der Unkultur.

An diesen Vorgängen sind wir alle – ohne Ausnahme – beteiligt. Jeder muß sich darum der Verantwortung bewußt sein, die er, genauso wie der liebe Nächste,

Für jede neue Errungenschaft der industriellen Wirtschaft werden große Landteile aus ihrem biologischen Gleichgewicht genommen — wenn nicht an Ort und Stelle des Entstehens, dann anderswo bei der Rohstoffgewinnung.

für die Landschaft hat. Bei jeder Maßnahme, scheint sie auch noch so geringfügig oder vorübergehend wirksam zu sein, ist zuerst die Auswirkung auf die Landschaft zu ergründen. Alle Pläne, und nicht zuletzt die Ferienpläne, die wir machen, werden von einer der mannigfaltigen Landschaften getragen.
Die Verantwortung für die Landschaft läßt sich nicht abwälzen auf die Anonymität von Schutzbehörden und Schutzvereinen. Der Naturschutz, der Landschaftsschutz, die Schutzgemeinschaft Deutscher Wald, der Deutsche Gewässerschutz, der Tierschutzverein, der Jagdschutz, die Heimatschutzvereine und andere mehr, oder genaugenommen deren bevollmächtigte Persönlichkeiten, kämpfen ihren Kampf um die Erhaltung der Landschaft sehr selbstlos und gar nicht im Schutze der Anonymität und – häufig auf verlorenen Posten.
»Die Kooperation zwischen Fremdenverkehrsorganisationen und den Naturschutz- und Landschaftsschutzbehörden wird zweifellos in Zukunft noch stärker werden müssen« (H. Lohmeyer).
Einer der ersten Punkte, der dabei in Angriff genommen werden soll, ist die Erschließung neuer Landschaften für die Erholung. Es erhebt sich sofort die Frage, wie sich dabei der Naturschutz verhalten will. Denn Natur ist nur dort, wo der Mensch nicht hinkommt.
Auch das Erklären bestimmter reizvoller Gegenden zu »Naturparken« erscheint in diesem Zusammenhang als eine gefährliche Sache. Es gibt ihrer bereits über 30 in Deutschland. Es verbindet sich mit ihnen die Hoffnung, in diesen Gebieten wenigstens das Zersiedeln der Landschaft und das Ansiedeln neuer Industrien, insbesondere in der Nähe der großen Städte, einzuschränken. Landschaften, die bisher im Verkehrsschatten lagen, stehen meist noch in voller Kultur. Gerade weil dort Industrie und Gewerbe noch dünn gesät sind, werden sie jetzt den Erholungsuchenden angeboten. Die darin gelegenen Gemeinden erhalten namhafte Beträge, damit sie Unterkünfte, Wanderwege, Sport- und Spielanlagen, Badeanstalten und Parkplätze bauen oder ausbauen können. Im gleichen Zuge muß zwangsläufig eine Veränderung der Sozialstruktur und zugleich eine Verschiebung der Landschaftsstruktur bemerkbar werden.
Das Naturschutzgesetz sieht vor, die Natur als Ganzes zu schützen. Das bedeutet, daß an dem geschützten Ort vom Augenblick der »Reservation« ab keinerlei Veränderungen mehr vorgenommen werden dürfen. Das Gesetz geht von der Voraussetzung aus, daß unter bestimmten Standortbedingungen die Lebensgemeinschaft Tiere-Pflanzen-Erde-Wasser sich unverändert erhält oder richtiger sich immer wieder einfindet, wenn keinerlei Nutzung stattfindet. Daß aber »Reservieren«, daß das Herausnehmen geschützter Teile aus dem großen landschaftlichen Strukturzusammenhang bereits ein Eingriff ist, wird übersehen.
Das Hinzufügen menschlichen Willens, menschlicher Entschlußkraft zu einem Naturzustand löst bereits die natürliche Gemeinschaft als solche auf.

Der Naturschutz unterscheidet Reste von »Urlandschaften« und »Naturlandschaften«. Letztere sind solche Flächen, in die die Hand des Menschen kaum oder nur geringfügig eingegriffen hat. Gerade jene Landschaftsteile, die in einem bestimmten, elementaren Kulturzustand angehalten werden – es sind zumeist Sümpfe und Moore, Steppen und Heideländer, Schroffen und Felsen –, sind diejenigen Gebiete, die in der »Reservation« verwildern, ohne wieder ganz natürlich zu werden, ohne ganz gesund zu bleiben, ohne den Tierbestand konstant halten und die Vermehrung und Erneuerung der autochthonen Pflanzengesellschaften garantieren zu können. Die Studien, zu denen die Naturschutzgebiete anregen sollen, sind dann – insbesondere, wenn vielen Menschen der Zutritt in diese Gebiete anempfohlen wird, was in Zukunft in Zusammenarbeit mit dem Fremdenverkehr unausbleiblich ist – oft recht negativ. Dieser Art verhängnisvolle Denkfehler spielen die Naturschutzgebiete dem wachsenden Siedlungs- und Industrielandbedarf schließlich als bequeme Beute in die Hand.

Die Erziehung zum Landschaftsbewußtsein und zur Verantwortung für jegliche Landschaft kann nicht früh genug beginnen. Die aktive Teilnahme am Aufbau von Landschaften, besonders in der Nähe der Städte, und die Kontaktpflege mit den auf dem Land und an der Landschaft Arbeitenden ist für die Zukunft der sicherste Schutz. Schüler, die beispielsweise bei der Aufforstung eines stadtnahen Waldgebietes mit Hand anlegten, werden, wenn sie selbst Stadtväter sind, den Wert »ihres« Waldes hoch einschätzen und ihn vor Zugriffen zu schützen suchen. Die »organisierte« Schrebergartenjugend wird mit den Problemen des Stadtrandes früh und bewußt in Berührung gebracht und später auf sozialere Lösungen einzuwirken versuchen.

Es gibt bereits 2000 Schulwälder in Deutschland. Es gibt sie in der Schweiz, in den USA, in China. Wälder sind ausgezeichnete Lehrobjekte. An ihrer Permanenz ist die Vielseitigkeit der biologischen Kreisläufe und ihr Ineinandergreifen gut abzulesen, und das Verständnis läßt sich von dorther auf das gesamte landschaftliche Gefüge übertragen. Vom Omnibus aus auf weiten Schulfahrten ist dieses Verständnis nur sehr mittelbar und oberflächlich anzuregen. Es ist in diesem Zusammenhang nicht übertrieben, den Vorschlag der Schutzgemeinschaft Deutscher Wald anzuerkennen und ein Drittel des Lebensraumes einer jeden großen Stadt als Wald zu erhalten oder entsprechende stadtnahe Flächen aufzuforsten, die dann unveräußerlich bleiben sollen und niemals mehr zweckentfremdet werden dürfen.

Jeder Stadtwald wirkt sich auf den Wasserhaushalt des Stadtgebietes positiv aus. Er reinigt und filtriert die Luft. Der Bevölkerung ist mit dem stadtnahen Wald Erholungsmöglichkeit angeboten. Einen Teil der Aufbau- und Pflegekosten, die ein stark begangener Wald braucht, deckt er bereits nach etwa 15 Jahren selbst durch Holzerträge. Es ist nicht anzunehmen, daß durch derartige Maßnahmen der Waldanteil in der Landschaft überhandnehmen wird. Die Bäume dieser Wälder wachsen bestimmt nicht in den Himmel, um von dort aus das Land mit zuviel Regen zu bedrohen. Wo nämlich, wie im Weserbergland, im Kellerwald, im Sauerland, im Reinhardswald Laubwald der tragende Landschaftsanteil ist, fallen Niederschläge reichlicher und unterkühlt die Ausdünstung der Laubmassen die Atmosphäre merkbar. Später Frühling, gemäßigte Sommertemperaturen und neblige Herbsttage, wenn auch in glühenden Farben, sind im allgemeinen keine Werbeempfehlung für Sommerfrischler, und tatsächlich machen dort die Fremdenverkehrsbestrebungen wenig Fortschritte. Wanderer, die die Stille suchen, gibt es nur noch wenige.

Die UNESCO prüft seit einiger Zeit die Möglichkeiten, landschaftlich besonders reizvolle Gebiete auf dem Wege der Gesetzgebung vor dem »Vordringen der Zivilisation« zu schützen. Diese etwas weltfremde Formulierung will die Ausbreitung der Städte verhindern, um ihr originales »Bild« zu erhalten. Unter welcher Motivierung der regellosen Besiedlung und vor allem der Bodenspekulation Einhalt geboten wird, ist aber schließlich einerlei.

Die Landschaften sind Beute der Spekulanten in aller Welt. Nur von höchster internationalen Ebene aus kann diese Seite des Landschaftsverbrauches gesetzlich in Schranken gehalten werden. Wo aber bleibt das Gesetz?

Die Landschaftsschutzbehörde in Deutschland wird seltsamerweise auch unter einer Ideologie wirksam, die »das Bild der Landschaft« zu erhalten sucht. Praktisch bewirkt ihr Eingreifen, daß tatsächlich der Ausbeutung Zügel angelegt werden können. Doch genügt das nicht. Die Landschaft ist in Wahrheit nicht in der Defensive – sondern sie wäre im Vordringen, wenn nicht die Planungen der Industrie, wenn nicht politische Pläne, wenn nicht die Planungen des Straßenbaues und die Siedlungspläne viel schneller durchführbar wären als alles, was an die Periodizität natürlichen Wachstums gebunden ist. Noch nie ist so viel Wesen um die Landschaft gemacht worden wie heute – fraglos aus einem Notstand, aus einer Gefahr heraus. Ob aber etwas als verloren zu gelten hat oder aber auf dem Vormarsch begriffen ist, das ist eine Frage der Anschauung, eine Frage des Standpunktes – und darum eben eine sehr wesentliche Frage der Formulierung. Angriff ist die beste Verteidigung. Die Landschaft als das Lebendige, Mobile, Vegetative hat jetzt alle Chancen anzugreifen, also ihren Plan den anderen Plänen voranzustellen. Landschaftsschutz und Naturschutz – sie allein sind bisher gesetzlich verankert – fangen Schäden auf, aber sie verhindern sie nicht. Landschaftsschäden aber müssen verhindert werden! Dafür sind neue Gesetze erforderlich, die erzwingen, daß ein Aufbauplan – wohlgemerkt kein Flächennutzungsplan, sondern ein *Landschaftsaufbauplan* – vorgelegt werden muß, ehe mit dem Abbau begonnen wird.

Für den Hohen Meißner, den mit der Geschichte des »Wandervogels« engverbundenen Berg, wurden, ehe dort neue Braunkohlenflöze in Angriff genommen werden durften, Gutachten sowie Aufbauvorschläge von mehreren Seiten gemacht. Das Abbauvorhaben sollte die typische Silhouette des Berges mit dem herrlichen Hochwald ein für allemal zerstören. Die Empörung weiter Kreise forderte diese scheinbare Sorgfalt.

Die Gutachten sagten voraus, daß weit mehr vom Kern des Berges und von der gesamten Vegetation – über den Hochwald hinaus – betroffen sein würden. Die ganze Landschaft würde durch das Nachrutschen der Massen und durch die Veränderung des Wasserhaushaltes infolge der Eingriffe zu Tode getroffen sein. Obgleich also vorauszusehen war, daß die von der Bergbaugesellschaft vorgesehenen Rekultivierungen mit Nadelhölzern auf humusarmen Kippböden weder Erfolg haben noch Ersatz bieten könnten, wurde der Abbau von der Regierung genehmigt. Die Landschaftsschäden, die jetzt entstanden, übersteigen bei weitem den Wert des relativ minderwertigen Abbauproduktes.

Viele der Besten jener Jugend, die 1913 auf dem Hohen Meißner die »Blaue Blume« suchten, wurden zwei Jahre später in der Schlacht bei Langemarck Beute falscher Strategie. Der Hohe Meißner selbst wird – um keiner »Blumen« willen, sondern aus Prinzip – in diesen Jahren Beute einer ebenso falschen Strategie – und wie zum Hohn ist das ganze Gebiet »Hoher Meißner« vor einigen Jahren zum »Naturpark« erklärt worden. Wiederum zu spät, und warum überhaupt?

Rechtlich ungenügend ausgerüstet sind die Schutzbehörden gegen die Gefahren, die der Landschaft aus dem Gebrauch von Giften drohen, die sehr irreführenderweise Pflanzenschutzmittel heißen. Hier reiht sich etwas in die Schutzmaßnahmen ein, das auch zu spät erkannt und, in seiner multiplikativen Auswirkung kaum bekannt, den Teufel mit dem Beelzebub auszutreiben versucht.

In der Natur stützt sich das vielfältige Wachstum gegenseitig, und der Lebenskampf regelt untereinander die Zahl der Tiere und Pflanzen, die sich gegenseitig zur Nahrung dienen.

Beim Kulturanbau, insbesondere bei Monokulturen auf großen Flächen, fällt dies Regulativ fort. Zuviel Weizen zieht zuviel Mäuse an, als daß Igel, Iltisse und Marder, Habichte, Bussarde und Schlangen mit ihnen fertig würden. Gerade ihnen sind ja durch das Ausräumen der Feldgehölze, um die großflächige Bearbeitung mit Maschinen vornehmen zu können, die Schlupfwinkel und Nisträume genommen. Auch große Forst-Monokulturen werden von Schädlingen befallen. Obstplantagen, Weinberge, Kohlfelder – alle zusammen müssen von Ungeziefer frei gehalten werden, die sich in der Größe und Mannigfaltigkeit zwischen Einzellern und Säugetieren, zwischen Bakterien, Insektenschwärmen und Nagern bewegen. Anders können die auf Gewinn abgestellten Pflanzenkulturen nicht den Profit abwerfen, auf den hin sie angelegt sind.

Es gibt einerseits eine große Anzahl chemischer Wirkstoffe, die Pflanzen vor

Das Abbauvorhaben »Hoher Meißner« hat die typische Silhouette des Berges mit dem herrlichen Hochwald ein für allemal zerstört.

Pflanzenkrankheiten schützen – oder von ihnen heilen. Mangelhafte Standortwahl oder das Fehlen entsprechender Ergänzungspflanzen, gemeinhin »Unkraut« genannt, verursachen die Anfälligkeit. Auch Überzüchtung kann die Ursache von Krankheiten sein. Es gibt andererseits Wirkstoffe, die die tierischen Schädlinge vernichten sollen, wenn ihr durch natürliche Feinde nicht geregeltes Überhandnehmen eine Gefahr für die angebauten Pflanzen zu werden beginnt.
Es gibt Berührungswirkstoffe, es gibt Freßwirkstoffe und es gibt Atemwirkstoffe. Alle haben unübersehbare Nebenwirkungen, abgesehen davon, daß sie gegen Pflanzenbefall desinfizieren und Schädlinge vernichten. Mit dem schädlichen ist auch das unschädliche und das nützliche Insektenleben betroffen. Mit den Nagern sind andere fleischfressende Tiere gefährdet. Singvögel, Schalenwild, Wildenten und Wildgänse sind direkt oder indirekt in Gefahr, und ihre Nachkommenschaft ist abnorm und häufig nicht lebensfähig. Das – wenn auch unbeabsichtigte – Mitausrotten der natürlichen Vertilger vieler Schädlinge erweist sich als ein schwerer Rückschlag, denn immer häufiger und stärker müssen hernach Wirkstoffe angewendet werden, so daß am Ende der Kette wir selbst und unsere Nachkommenschaft Beute dessen werden, was wir selbst zu ernten gedachten.
Des Schutzes aber bedarf tatsächlich der spärliche Buschwuchs der ariden Gebiete der Erde. Die Ausbreitung der Wüsten ist nicht zuletzt eine Folge der langen Wanderungen, die die Frauen der Stämme unternehmen, die am Wüstenrand ihr Dasein fristen. Sie suchen sich Brennholz. Verhältnismäßig leicht könnte hier Abhilfe geschaffen werden, würde »Entwicklungshilfe« vom Überfluß der Erde an Kohlen, Öl oder Petroleum abgeben. Gefährdete Landschaften, die heute noch grün und fruchtbar sind, die aber beim Fallen der Buschbarriere unweigerlich vom Sand überweht werden, müßten nicht unbedingt Beute der Wüste werden.
Das Ausbeuten des Torfs hat ganze Landschaften mit ihrem Bewuchs und Getier verändert. Wo trockne Gräser wuchsen, stehen heute saure. Entwässerungsgräben senken den Grundwasserstand, damit die Wiesen sich mit Gräsern besserer Qualität bestocken. Torf wird verbrannt. Dann ist er wirklich Beute – unwiederbringlich dahin. Zur Kompostbereitung, als Abwasserfilter, zur Auflockerung verdichteter Böden aber wird er aktiv in den Kreislauf wieder eingefügt. Gerade Hochmoore und Torfmoore gelten als unangetastete Natur im Sinne des Naturschutzes. Ihr Flächenanteil und das Produkt Torf sind von verhältnismäßig geringem wirtschaftlichem Wert gegenüber Stein- und Braunkohlen, Öl und Erdgas. Ihre autochthone Vegetation hingegen ist mannigfaltig und erhaltenswert. Im Landschaftshaushalt fällt den Mooren die Aufgabe der Wasserspeicherung zu. Sie wirken sogar hochwasser-rückhaltend in Zeiten übermäßigen Niederschlags, speisen aber Flüsse und Bäche bei Trockenheit.
Durch das Ausbeuten von Mooren wird örtlich das Klima zu größerer Trockenheit hin beeinflußt. Vorsichtige Kultivierung der Moore und der Anbau von Kultur-

pflanzen regeln den Wasserstand optimal, also klimatologisch und hydropedologisch so, daß diese Landesteile, wenn auch nicht übermäßig ertragreich, so doch im Sinne von Neu-Erholungsland nutzbar zu werden vermögen. Wo immer etwas Nutzbringendes aufgebaut wird, ist das Material dazu an anderer Stelle abgebaut worden. Landschaft wird nicht nur in zunehmendem Maße kultiviert, überbaut, ausgenutzt und versteint. Sie wird zugleich auch noch ausgebeutet und verwundet. Für jede neue Errungenschaft der industriellen Wirtschaft werden große Landteile aus ihrem biologischen Gleichgewicht genommen – wenn nicht an Ort und Stelle des Entstehens, dann anderswo bei der Rohstoffgewinnung. Wenn nun auch auf einigen der Nordseeinseln neuerdings erhebliche Erdgasvorkommen festgestellt wurden, so werden zwar dadurch neue wirtschaftliche Möglichkeiten erschlossen, die vielleicht von Vorteil sind, da Erdgas die ungiftigste und ungefährlichste Energiequelle darstellt, und weil dadurch irgendwo anders Ölverschmutzungen und neue Hochöfen unnötig werden – aber die Landschaft ist um naturnahe Ferieninseln wohl wieder ärmer...
Wir bewegen uns – wohin wir uns wenden – immer im Teufelskreis.
Voraussetzung für den Kohlen-, Erz- und Mineralabbau sind Gesetze, die in letzter Fassung aus der Mitte des vorigen Jahrhunderts stammen und »Bergwerks-Eigentum« verleihen. In England beispielsweise sind Schürf- und Ausbeutungsrechte zwar im *Besitze* von natürlichen oder juristischen Personen, im *Besitze* von Gesellschaften, aber aller Grund und Boden bleibt *Eigentum* der Nation. Wenn unter diesen Voraussetzungen vor dem Abbau Auflagen, die die Wiederherstellung sowohl der devastierten wie der ausgebeuteten und der in Mitleidenschaft gezogenen Gebiete betreffen, festgelegt sind, besteht eine Hoffnung, daß sie auch zu gegebener Zeit durchgesetzt werden. Wenn *Eigentümer* von Grund und Boden aufgefordert werden, wiederherzustellen, was an Zerstörungen ihre ausbeutende Tätigkeit verursachte – und das ist immer weit mehr als direkt notwendig wäre –, so ist die Folgeleistung eine Frage der Einsicht und des guten Willens. Es ist eine Sache auf Treu und Glauben, ob die Zusagen vom Eigentümer auch später eingehalten werden. Veränderte Umstände, verschlechterte Finanzlage werden ins Treffen geführt, und die Drohung, den Betrieb schließen zu müssen und Tausende von Menschen arbeitslos zu machen, entkräftet häufig jedes Argument gegen ein weiteres Umsichgreifen der Schadenzonen. Die Rekultivierung wird, wenn überhaupt, schließlich gar nicht von der Industrie, die die Schäden verursachte, gedeckt, sondern im Auftrage der Allgemeinheit aus Steuergeldern – und meist nur notdürftig – vorgenommen.
Wir brauchen die Technik. Sozialgefüge und Lebensstandard, Forschung und Wissenschaft, Politik und Handel sind ohne das industrielle Potential unvorstellbar. Industrie ist der Machtfaktor schlechthin. Sie ist das uns Beherrschende, und wir sind von der Technik besessen. Doch der Thron, auf dem die Industrie im

Erfahrungen haben gelehrt, daß die ungeheuren Mengen an Öl, die durch unterirdisch und oberirdisch verlegte Rohrleitungen über große Entfernungen gedrückt werden, tatsächlich und nachweisbar die Grundwasser, die Quellgebiete, die Seengebiete, die sie queren oder berühren, gefährden können. Hunderte von Ölunglücken dieser Art sind schon zu verzeichnen.

Namen der Technik sitzt, ist das Land. Auf seinen Bodenschätzen und seinen Erzeugnissen baut die Industrie ihre Macht auf. Mit den Menschen des Landes produziert sie. Der Antipode der industrialisierten Technik ist also die Landschaft. Wird eine von beiden zerstört, fällt auch die andere.
Es gibt 90 000 Schwerindustrien und 200 000 technische Gewerbebetriebe verschiedenen Größenumfanges in Deutschland. Der Wert des bergbaulichen Bruttoproduktes beträgt rund 9 Milliarden DM jährlich. Das sind nur etwa 5 % des gesamten Industriepotentials. Rund 11 000 qkm von den rund 47 000, die die Bundesrepublik bedeckt, werden ausgebeutet oder sind von der Industrie unwiederbringlich verbaut. Davon sind höchstens 10 % bisher – meist über Wald – rekultiviert worden.
Der Steinkohlenabbau hat für den Augenblick eine ziemlich flache Anstiegskurve. Um weitere Braunkohlenvorkommen zu erschließen, müssen bis zum Jahre 2000 wenigstens 70 000 ha Land abgebaut werden. Das bedeutet, daß Straßen, Schienen, Äcker, Wälder, Gärten, Dörfer mit Schulen, Kirchen, Friedhöfen, Bahnhöfen und allem anderen, was ein Landteil umfaßt, beseitigt werden müssen. Wenigstens 20 000 Bewohner dieser Gebiete werden hiervon betroffen sein. Ein genauso großes Gebiet wird anteilmäßig in anderen Landschaften benötigt, um die Umsiedler neu anzusetzen. Der Verbrauch an Vegetationsflächen ist also doppelt so hoch, wie der Bedarf bergbauseitig angegeben wird – obwohl Siedlungskerne von der Abbauwirtschaft umgangen werden sollen. Die Bewohner dieser Städte aber – nach und nach vom Tagebau umschlossen und von den begleitenden Industrien belastet, von Rauch, Ruß, Staub, Lärm, Gestank und giftigen Abgasen gefährdet – werden ebenfalls soweit als möglich versuchen, gesündere Lebensmöglichkeiten für sich und ihre Kinder zu finden. Dadurch werden wiederum noch unbesiedelte Landschaften in Anspruch genommen.
Unglücklicherweise liegt Braunkohle häufig unter besten Ackerböden. Er muß in jedem Fall als verloren gelten. Der Abraum, der darüber geschüttet wird, hat wirtschaftlich gesehen gar keine Qualität. Zudem sind, wenn bis zu Tiefen von 300 Metern mit Mammutbaggern gearbeitet wird, Wasserhaushalt und Klima so gründlich verändert, daß selbst, wenn die Ausschachtungen eingeebnet sind, von einem Wiedergutmachen noch längst nicht die Rede sein kann. Sehr häufig lohnt weder die Mächtigkeit der Flöze noch die Qualität der Kohle den Umfang dieser Eingriffe.
Ebenso schwierig ist das landschaftliche Einbinden der Halden, die beim Steinkohlenbergbau, bei der Erzgewinnung, bei Kali-, Kalk- und Steinabbau und durch die Verschwelung anfallen (von Atommüll ganz zu schweigen). Diese gebirgsartigen Anhäufungen sind meist geradezu vegetationsfeindlich. Sie verstauben die Landschaft, und oftmals liegen sie in sich gar nicht fest. Die bewegten, die schwimmenden Schüttungen widerstehen den Aufforstungen. Der

Anflug von Pionierpflanzen geht immer wieder verloren. In den porösen Massen hält sich keine Feuchtigkeit. Die sich verfestigenden Rohstoffe verkrusten zu sterilen Konglomeraten.
Steinbrüche im kleinen und im großen liegen als Wunden offen zutage. Sie verändern die Horizonte sichtbar. Mergel, Tone und Sande, die in ungeheuren Mengen zur Zementherstellung bis zu Tiefen von 70 Metern abgebaut werden, nachdem die darüberliegenden Deckgebirge von 10 bis 20 Metern bereits abgetragen und beiseite gelegt wurden, lassen Abraumhalden anwachsen, die andauernd stauben und knochentrocken das Lokalklima auf weite Strecken versteppend beeinflussen. Von mehr als 2000 Hektar Land wird allein Sand und Kies abgefahren. Lehm-, Ton- und Mergelgruben erhöhen den Landschaftsverbrauch. Fliegender Sand in feinster Körnung, wie er nach dem Bleiabbau zurückbleibt, macht sich zu gesundheitschädigenden Staubstürmen auf.
Für jede Art von Bergabbau werden erhebliche Mengen Wasser benötigt, die im allgemeinen aus den Grundwasservorräten genommen werden müssen. Das Verhältnis Wasser–Braunkohle ist mit durchschnittlich 7 : 1 nicht zu hoch gegriffen. Die weiterverarbeitende Industrie der bergbaulichen Rohprodukte braucht noch mal ein Vielfaches an Wasser. Ein einziger Hochofen erfordert täglich zum Kühlen etwa so viel Wasser wie eine Stadt mit 65 000 Einwohner. Etwa $1/5$ des gesamten Wasserverbrauches geht auf die Bevölkerung, $4/5$ braucht die Industrie einschließlich der Rohstoffgewinnung aus der Landschaft.
Zur Gewinnung von 1 Tonne Koks sind 5 Kubikmeter Wasser, für 1 Tonne Stahl 20 Kubikmeter und für 1 Tonne Spinnfasern sogar 750 Kubikmeter Wasser notwendig. Diese wenigen Zahlen mögen als Skalenwerte für alle anderen Produkte stehen.
Der Mehrbedarf an Wasser je Jahr durch das Anwachsen der Industrien beträgt in Deutschland rund eine Milliarde Kubikmeter, die aber nicht vorhanden sind. Durch das vierzigmalige Wiederbenutzen des Wassers ist nur ein geringer Ausgleichswert angeboten.
Bei der Wiederbegrünung von Kippen und Halden macht außer dem Fehlen von Feinböden, Humus und Nährstoffen und außer der Anwesenheit von extremen Säuren und giftigen Rückständen die Wasserhaltung besondere Schwierigkeiten. Wind- und Wassererosionen, Überflutungen und Böschungsrutsche weisen auf ungleichmäßige Zustände im Innern der Aufschüttungen hin. Mit Trockenheitspflanzen, z. B. Robinien, Sandbirken, Roteichen und ähnlichen, wird versucht, Triebsande festzulegen und Hänge zum Stehen zu bringen. Das mühselige Anpflanzen einer künstlichen Ruderalflora aus Huflattich, Melde, Quecke, Brennesseln, Rainfarn und dergleichen in ausgehobenen Rinnen und Reihen auf Halden grenzt ans Absurde, ist aber bisweilen erfolgreich. Mit Vorwaldsystemen bemüht man sich, Humusbestandteile heranzuschaffen, damit dann andere

Pflanzen, beispielsweise Pappeln, Weiden oder Erlen, die Durchwurzelung der Schüttmengen beginnen und das Wasserpumpen aufnehmen können, um den biologischen Kreislauf erst einmal in Gang zu setzen. Fremdkörper und Flickstellen bleiben die Halden mit der landschaftsfremden Vegetation dennoch. Eingegrünte Industriegebiete und begärtnerte Truppenübungsplätze können den aufmerksamen Beobachter nicht darüber hinwegtäuschen, daß mit jedem Tag mehr und unverantwortlich Landschaft verbraucht und Natur schutzlos verwirtschaftet wird.

Der Brunnen

Er ist ein Mittelpunkt. Er ist ein Sammler. Er faßt das Wasser und die Menschen zusammen. Um den Brunnen wächst die Gemeinde. Das Vorhandensein von Trinkwasser ist die primäre, elementare Voraussetzung jeglicher Ansiedlung. Das Wasser zwingt zur Gemeinschaft, denn alle brauchen es. Die Gemeinschaft ist eine Bindung von Partnern durch das Teilhaben an etwas Gemeinsamem – am Brunnen. Der Zusammenhalt ist zielgerichtet und begründet.
Gesellschaft ist ein Formprinzip, das Gemeinschaft zur Voraussetzung hat.
Gemeinde, Gemeinschaft und Gesellschaft bilden eine Einheit, einen konkreten Organismus, dessen realer Raum in der Landschaft und dessen rationaler Raum in der Ordnung liegt.
Die menschliche Erscheinungsform des Zusammenlebens ist die andauernde Bewegung – ist ein paradoxes, ein zielgerichtetes Kreisen. Das Leben kreist um den Brunnen. Der Brunnen ist die Tiefe – ist Erinnern und Entwicklung zugleich.
Das Ziel des Menschen ist es, gesund zu bleiben, gesund zu altern. Um die Gesundheit kreist sein Denken und Tun. Die Gesundheit ist der unerschöpfliche Brunnen, aus dem Lebensfreude und Schaffenskraft fließen. An seinem Rande soll der lange Feierabend verbracht werden. Aber dazu müssen die Brunnen, um die die Menschen sich scharen, sauber, die Wasser gepflegt und die Ergiebigkeit verläßlich sein.
Der Mensch als Glied der Gemeinde oder der Gemeinschaft, der Mensch als gesellschaftliches Wesen ist in seinem persönlichen Freiheitsbedürfnis beschränkt. Gesundheit und Sicherheit legen ihm Pflichten auf, die sich aus der Tatsache des Zusammenlebens ergeben.
Die Sorge um den gemeinsamen Besitz, dem für jeden einzelnen und für alle unentbehrlichen Brunnen – die Pflege des Trinkwassers –, hat von jeher Uneinigkeit ausgeschlossen. Jede Stadt mußte fallen – und jede Gemeinsamkeit fällt auseinander –, sobald die Brunnen versiegen. Die Kultur ist ohne Wasser schnell am Ende.
Je spärlicher das Wasser aus den Brunnen fließt – in den ariden Gebieten der

Welt und dort, wo sehr viele Menschen von einem »Brunnen« versorgt werden sollen –, um so bestimmter muß die Gesetzgebung sein und um so strenger wird jeder Eigennutz geahndet werden.

Von der ausreichenden Menge und von der Beschaffenheit des Wassers, das zum Trinken, zum Waschen, zur Körperpflege vorhanden ist, hängt die Gesundheit, die Leistung der einzelnen Menschen als Teil der Gesellschaft, der Gemeinschaft, der Gemeinde ab.

Wohl kann ein Brunnen im Besitz einer Person, einer Gesellschaft, einer Gemeinschaft, einer Gemeinde sein, aber nicht das Wasser, das er hergibt. Das Wasser gehört allen, und wir alle, die wir mit der Landschaft eine Einheit bilden, sind für dieses unser Wasser verantwortlich, das unsere Brunnen speist, das unsere Leitungen füllt.

Das Wasser als Ganzes ist zum Objekt öffentlichen Rechts geworden. Erfahrungen haben gelehrt, daß es der Verfügung einzelner entzogen werden muß. Mit der hygienischen Kontrolle des Wassers ist genauso wie mit der Vermaßung der Fluren jeder Mensch in Stadt und Land an dieselbe Leitung angeschlossen. Er ist in die Masse des Volkes einbezogen.

Die Unverantwortlichkeit der »Massen« ist dabei das Paradoxon. Ihre Gegenläufigkeit gipfelt im Verbrauch der Landschaften, im Verbrauch der biologischen Ausgleichsfaktoren, die unsere Umwelt bietet, um ausreichend gesundes Wasser für die Menschheit bereitzuhalten.

Wenn das Kind in den Brunnen gefallen ist – wird er zugedeckt. Wenn der Tod aus der Wasserleitung fließt, erwacht die Aufmerksamkeit der Öffentlichkeit – aber noch lange nicht das Gewissen.

Schwere Trinkwasserepidemien der Nachkriegszeit (1946/47 in Neuötting und 1955 in Hagen) haben zu der bundesgerichtlichen Entscheidung geführt, daß das Gesundheitsamt sowohl die Pflicht der Wasserüberwachung habe als auch die Pflicht, Wasserverunreinigungen warnend bekanntzugeben.

Mit dem Wasserhaushaltgesetz und den Länderwassergesetzen ist das aus dem Jahre 1900 stammende Reichs-, heute Bundesseuchengesetz ergänzt worden.

Was aber ist wirklich erreicht, wenn nur für das Verschulden bestraft und die Verursacher von Wasserverunreinigungen haftbar gemacht werden?

Die Reinhaltung des Wassers unter dem Druck sprunghaft steigender Bevölkerungsziffern und entsprechend vergrößertem Industrie- und Gewerbepotential ist nicht allein ein juristisches, sie ist vielmehr ein technisches und volkswirtschaftliches Problem. Ebenso aber ist die Reinhaltung eine Angelegenheit der Disziplin und der bewußten Erziehung.

Die Erziehung zur Sauberkeit ist beileibe nicht am Verbrauch von Seife – oder heute von Detergentien – abzulesen. Erst wenn, wie in jenem Liede, der »Souverän« sein Haupt in den Schoß eines jeden »Untertans« legen kann oder, übertragen, wenn jeder »Untertan« aus den Gewässern seines »Souveräns« ohne Gefahr für Leib und Leben trinken kann, dann ist die Demokratie: Untertan und Souverän in einem, sauber.

Solange es überhaupt möglich ist, daß negatives und positives Wasser, also belastetes und reines Wasser, trübes und klares Wasser, stinkendes und geruchloses Wasser, infiziertes und leeres Wasser, Oberflächen- und Grundwasser, in ungute Berührung kommen können, ist verschiedenes sehr unsauber.

Sabotage und Ungehorsam gegenüber dem Gesetz sind immer möglich. Nicht nur in der Festung – auf der Burg – war der Brunnen die schwächste Stelle der Verteidigung und wurde eigens bewacht. Auch heute ist die Achillesferse unserer nationalen Integrität die Sauberkeit der Brunnen und die Unbestechlichkeit bei der Durchführung der Verordnungen und bei der Einhaltung der Gesetze, die das Trinkwasser in unseren Leitungen, das ausreichende Grundwasser in großen Tiefen und die Absicherung der Wassereinzugsgebiete ordnen sollen.

Gesetze dieser Art waren so lange nicht nötig, wie die bäuerliche Wirtschaft aus eignen Brunnen schöpfte und die Städte weit weniger Wasser konsumierten. Seuchen, die aus den Brunnen stiegen, wurden ja als von Gott gewollte Strafen für Missetaten hingenommen. Wenn sie es nicht überhaupt wußten, so ahnten unsere Vorväter wohl die Zusammenhänge zwischen Ungehorsam gegen die Gesetzmäßigkeiten der Natur und der Bestrafung mit dem Tode.

Die Entdeckung von Bakterien und Viren, deren Träger vielfach im Wasser leben, mit dem Wasser in Verbindung stehen oder die vom Wasser verbreitet werden, hatte nicht nur heilende Therapien im Gefolge. Auch der Widerstand gegen das Krankwerden überhaupt wurde wach. Das beste Mittel gegen Krankwerden aber ist sauber sein. Sauberkeit steht wieder im engsten Zusammenhang mit dem Wasser. Flugs stieg der Wasserverbrauch je Kopf der Bevölkerung um 33 %. Die Industrie, das Gewerbe, die Dienstleistungen, deren rasch steigender Anteil innerhalb der Gesellschaft und innerhalb der Gemeinden verhältnismäßig neu ist, sind an dem steigenden Wasserverbrauch weit höher beteiligt. Er steht heute etwa im Verhältnis: Haushalte 34 % und Industrie usw. 66 %.

Aus den Brunnen wurden früher im Sommer etwa 40 Liter je Tag für jeden Einwohner des Ortes entnommen. Heute wird während der warmen Jahreszeit mit einer Entnahme von 350 Litern je Kopf aus den Wasserleitungen gerechnet. Die heute noch im Gebrauch stehenden Tiefbrunnen sind dabei nicht mitgezählt.

In Deutschland werden rund 10 Milliarden Kubikmeter Wasser im Jahr gebraucht. Etwa 70 % hiervon werden aus dem Grundwasser gedeckt, und 30 % werden aus Oberflächenwasser und regeneriertem Wasser geliefert.

Das Grundwasser füllt alle Hohlräume der Erdrinde. Als »Grundwasserleiter« dienen mit Poren und Klüften versehene Gesteine. »Porengrundwasser« wird im

Keine internationalen Gremien weisen mit wissenschaftlicher Akribie nach, daß landschaftliche Baukunst gerade wegen ihrer Variabilität und Wandelbarkeit sehr kostbar ist. Wahrscheinlich ist gar nicht hinreichend bekannt, daß Landschaften keine Kunstprodukte sind, sondern Kunstwerke.

rolligen Lockergestein verschiedener Korngrößen (Feinsand bis Kies), im Hängeschutt und im Verwitterungsschutt gefunden. »Kluftgrundwasser« sammelt sich im Kalk- und Sandstein, in Schiefern, Gneisen und Graniten. Als »Grundwasserstauer« dienen undurchlässige Tone und Mergel und auch wieder Gesteine. »Quellwasser« ist die Austrittsform des Grundwassers. Es ist jedoch sauerstoffreicher als das Grundwasser in tieferen Schichten.
Das Gesteinsmaterial, das durchflossen wird, beeinflußt den Mineralgehalt des Wassers. Kalk, Magnesium, Schwefel, Kieselsäure, Eisen u. a. werden ihm mitgegeben. Aber hier im Gestein kann das Grundwasser ebenso auch mit Abwässern, Fäkalwässern, Industriewässern, die Säuren, Laugen, Treibstoffe, Gifte enthalten und die von der Oberfläche her eindringen, in Berührung kommen. Je langsamer das Grundwasser fließt, um so mehr Gelegenheit hat es, sich zu reinigen. Je feiner die Korngröße der Poren, je tiefer die Klüfte – um so langsamer der Fluß. Das Wurzelwerk der Wälder sieht das von ihm tausendfältig angehaltene Wasser und reinigt es gründlich – ein Grund mehr, die Wälder heilig zu halten.
Gereinigt muß vor allem das Niederschlagswasser werden, das, als Oberflächenwasser mit Verunreinigungen aller Art belastet, in den Boden eindringt. Je länger sein Weg unter der Oberfläche ist und je mehr Zeit ihm für diesen Weg gelassen werden kann, um so besser reinigt es sich – und ist schließlich dann so weit hygienisch, daß es als »Brauchwasser« für die Land- und Gartenwirtschaft, als Wasser für Industrie und Gewerbe ohne Zögern wieder angenommen werden kann.
Trinkwasser sollte nach Möglichkeit nur aus dem Grundwasser entnommen werden. Aber es ist so, daß der hohe Wasserbedarf längst zur Aufbereitung von Oberflächenwasser und von See- und Flußwasser zu Trinkzwecken zwingt.
Fauliges oder schlechtriechendes oder übelschmeckendes Wasser wird nur ungern getrunken. Mineralische oder schweflige Wasser sind balneologisch wertvoll, jedoch kein Genuß. Bakteriell belastetes Wasser aber hat keinen besonderen Geschmack; es wird darum bedenkenlos getrunken. Typhus, Paratyphus, infektiöse Gelbsucht und Kinderlähmung sind eindeutig auf die Berührung des Trinkwassers mit menschlichen Exkrementen zurückzuführen, während Ruhr durch infizierte Früchte oder Salate und rohes Gemüse hervorgerufen werden *kann* – wenn diese mit unhygienischem Gießwasser in Berührung kamen. Das Desinfizieren der vegetabilen Produkte mit Schwefel, Kupfervitriol oder gar DDT ist aber mindestens ebenso schädlich, nicht zuletzt wegen der unkontrollierbaren Summierungen und ihrer Dauerwirkungen. Tuberkulose und Milzbrand, Wurmerkrankungen, Maul- und Klauenseuche und andere Viruskrankheiten werden durch tierische Abfallstoffe aus Schlachthäusern oder Gerbereien, auch aus Filzfabriken und dergleichen im Trinkwasser und beim Baden im Freien übertragen.

Die Bakterien können lokal, beispielsweise durch einen Bruch im Abwasserkanal im Bereich des Trinkwasser-Rohrsystems, in den Haushaltsbereich eintreten. Sie können zentral dorthin gesteuert werden, wenn die Entnahmestellen im Einzugsgebiet bereits infolge ungenügender Vorfluter-Einrichtungen und unvorhersehbarer Einwirkungen von außen verunreinigt sind.
Dies sind die »klassischen« Gefahren, die »schon immer« – so möchte man annehmen – im »Brunnen« gewohnt haben. Die Vermehrung der Weltbevölkerung und ihre Versammlung in dichten Trauben um relativ wenige »Brunnen« haben die Gefährdungen des Lebens – zu denen schmutziges Wasser gehört – potenziert.
Weniger »klassisch« ist es, daß Detergentien – das sind in Waschpulvern und Kosmetika enthaltene chemische Netzmittel – auf dem Wege über das zum Trinkgebrauch aufbereitete Flußwasser, dem sie aus allen Haushaltungen und aus den Textilfabriken zugeschickt werden, schließlich auch im menschlichen Körper festgestellt wurden, wenn auch in geringen Mengen.
Nachhaltig wirkt sich die Schaumbildung der Detergentien in den Abwasserreinigungsanlagen aus. Die Reinigungsvorgänge werden gestört, die Filter versetzen sich. Das trotzdem automatisch in die Reinwasserbehälter gelangende Wasser erweist sich dann als ungenügend geklärt. Dieses Wasser enthält nachweislich schädliche Infektionsstoffe.
Die Zunahme der Detergentien in den Abwässern ist beträchtlich. Die Haushaltungen sind daran weit mehr beteiligt, als es die Hausfrauen wahrhaben wollen. Aber wer folgte nicht gern der Werbung zur Arbeitserleichterung?
Polyphosphate, die als »Gerüstmittel« in vielen Waschmitteln enthalten sind, begünstigen das Algenwachstum vor und in den Klärbecken und beeinträchtigen ebenfalls die Wasseraufbereitung.
Der biologische Abbau der Detergentien geht sehr langsam vor sich. Sie halten sich lange in den Faulgruben. Ihre Anwesenheit ist an auffälligen Gerüchen bemerkbar. Detergentien verhindern den Zutritt von Sauerstoff, der zum Zersetzen der Faulwasser notwendig ist.
Erblindungen, Lähmungen, schwere Vergiftungen sind die zunächst unerklärlichen Krankheitserscheinungen, die auftreten, wenn Mineralöle, Heizöle, Treibstoffe in die Bahn des Trinkwassers geraten. Dies kann auf vielerlei Wegen geschehen – und niemals ist nur der Mensch davon betroffen. Hier wird die ganze Einheit: Gemeinde, Gemeinschaft, Gesellschaft, Mensch, Tier, Pflanze, Boden, Wasser, in allen Gliedern geschädigt. Und dieser »Brunnen« ist noch nicht ausgeschöpft. Keiner weiß, wie tief er ist.
Öl und Wasser sind von Natur aus feindliche Brüder. Dennoch müssen sie nebeneinander und mit den Menschen, der beide braucht, auskommen. Das Verhalten von Erdölprodukten im Boden ist in allen Zusammenhängen noch nicht voll

erforscht. Eines aber ist als Erfahrung gesichert: gelangt Erdöl auf irgendeinem Wege ins Trinkwasser, ist dieses Wasser auf Jahrzehnte unbrauchbar geworden. Ein Liter Öl verdirbt tausend Liter Wasser.
Niemand ist unfehlbar. Die meisten Gelegenheiten, bei denen Öl und Trinkwasser zueinander gelangen, beruhen nachweislich auf Unachtsamkeit und Unfällen im täglichen Leben. Ölkannen werden umgestoßen, Tankwagen verursachen oder erleiden Unfälle, Heizölbehälter schwappen über. Beim Tanken wird geschwatzt und nicht aufgepaßt, Hähne werden nicht abgedreht. Jedesmal fließt dabei Öl in die Erde und wird von dort mit dem Niederschlagswasser weitertransportiert. Jeden Tag gibt es tausend Möglichkeiten, und hundert davon werden Tatsachen. Schlechte Montagen, kaputte Meßgeräte, defekte Schläuche, Materialfehler, Schiffshavarien, Flugzeugkatastrophen, unsachgemäße Reparaturen sind Unzulänglichkeiten und Vorgänge, die jedesmal indirekt das Öl aufs Land schicken. Bei vielen kleinen und großen Mißgeschicken mit Öl – jeder hantiert ja damit – braucht das Öl gar nicht den Umweg durch die Erde zu machen. Es gelangt mit Hilfe ausgewundener Scheuerlappen, fortgeworfener Putzwolle oder durch die Straßenkanalisation ins Abwasserleitungsnetz, von dort in die Kläranlagen und – wenn diese keine oder keine ausreichenden Ölfilter oder Ölabsaugvorrichtungen haben oder wenn die Feuerwehr als Mädchen für alles nicht sofort zur Stelle ist – eben unter Umständen mit ins Trinkwasser.
Der Absatz von Öl als Energiequelle hat sich von 1950 bis heute etwa verachtfacht. Die Zahl der Ölfeuerungsanlagen im großen und im kleinen geht in die Millionen. Milliarden Liter Öl lagern in riesigen und auch in ganz kleinen Behältern daneben. Erst nachdem sich eine sehr große Anzahl von Tanks in gewerblichen Betrieben und in Wohnhäusern »unerklärlicherweise« von allein entleert hatte, wurde eine baupolizeiliche Vorschrift erlassen, die verlangt, daß alle Behälter auf, in und über der Erde von außen allseitig kontrollierbar angelegt werden müssen. Leckstellen können so entdeckt und abgedichtet werden. Aber wer geht schon täglich um sein Öl herum? Die Nasen sind durch die andauernden Ölverbrennungsschwaden zu abgestumpft, als daß gerade sie rechtzeitig warnen würden. Erst wenn der Spiegel des teuren Betriebsstoffes vor der Zeit sinkt, gibt's Ölalarm! Und wie steht es mit all den Tausenden von Ölbehältern, die vor Inkrafttreten dieser Verordnung bereits fest in die Erde einbetoniert waren? Sind sie, weil sie so lange schon hielten, vor Beschädigungen in Zukunft gefeit?
Die Lagerung von Öl in der Nähe von Heilquellen erweist sich als äußerst problematisch. Die Umstellung von Heizanlagen der Kur- und Badehäuser wird aus balneologischen und wirtschaftlichen Überlegungen heraus angestrebt.
Die Summierung aller dieser lokalen Gefahren wird noch bei weitem übertroffen durch die zentralen Begegnungsmöglichkeiten der beiden feindlichen Brüder:

Öl und Wasser. Gegen Ölverschmutzungen sind alle Maßnahmen machtlos, die normalerweise die Wassereinzugsgebiete und die Trinkwasserreserven – insbesondere für die Ballungsgebiete – schützen. Öl verschwindet im Boden, bleibt unauffindbar und tritt plötzlich nach Jahren im Einzugsgebiet auf. In Andernach war es 25 Jahre her, daß Treibstoffe dort gelagert wurden, wo jetzt Wasser erbohrt wird. Das Wasser hat den Geruch und Geschmack von Öl! Öl haftet in Rohren. Öl haftet in Poren und Klüften des Gesteins. Öl treibt in den Flüssen und legt sich an die Ufer an.

Öl – richtiger Erdöl – ist kein einheitlicher Stoff und wird im Rohzustand nicht verwendet. Von den Orten, wo es erbohrt wird, muß es zu den Verarbeitungsplätzen transportiert und dann nochmals von dort zu den Verbrauchern gebracht werden. Von seiten der Ölinteressenten wird verständlicherweise der Nachweis versucht, daß, weil Rohöl selbst Mikroorganismen enthalte, die den Abbau von Rohöl im Boden beschleunigen, Rohöl kaum eine Gefahr für das Grundwasser darstelle. Erfahrungen haben aber gelehrt, daß die ungeheuren Mengen, die durch unterirdisch und oberirdisch verlegte Rohrleitungen über große Entfernungen gedrückt werden, tatsächlich und nachweisbar die Grundwasser, die Quellgebiete, die Seengebiete, die sie queren oder berühren, gefährden können. Hunderte von Ölunglücken dieser Art sind schon zu verzeichnen.

Die Katastrophe, bei der infolge eines Ölleitungsbruches 100 000 Liter Rohöl in die Ems ausliefen, alles Leben für lange Zukunft im Gewässer abtöteten, Nebenflüsse und Mündungsstelle in Mitleidenschaft zogen, die Umländer verseuchten und das Trinkwasser der Gegend ungenießbar machten, haftet noch gut im Gedächtnis. Die Alarmmeldung, Öl sei im Bodensee, hat veranlaßt, daß die im Bau befindliche Pipeline angehalten und nun endlich doch aus diesem lebenswichtigen Wasserreservegebiet fortverlegt wird. Neben diesen schwerwiegenden Vorfällen sind in rund 205 deutschen Großstädten, Badeorten, Erholungsdörfern, Wohn- und Gartenstädten etwa 6 Millionen Liter Öl in den letzten drei Jahren in die Erde oder ins Wasser der Seen und Flüsse gelangt, haben Fische, Reptilien und Vögel getötet und Wasserhygieniker, Aufsichtsbehörden und Stadtverordnete in außerordentliche Verlegenheiten gebracht. Nicht jedoch die Industrien selbst. Die Verlegung der Fernleitungen auf Grund internationaler Wirtschaftsabkommen und der Aufbau der Raffinerien – mitten in der Landschaft, weil sie ja »dort niemanden gefährden« – werden unbeeindruckt fortgesetzt.

Wie hoch radioaktive Substanzen bei Kernexperimenten in die Troposphäre und in die Stratosphäre geschleudert werden, weiß der Mensch. Auch daß 99 % der strahlenden Teile dort zerfallen, ehe die unschädlichen Reste wieder zur Erde zurückkehren, darf als bewiesen gelten. Ebenso sicher ist es aber, daß der verbleibende Anteil von nur 1 % strahlender Substanz vollkommen ausreicht, mit

Für alle Gemeinden, die an Seen gelegen sind, ist ihr See sowohl Trinkwasserspeicher wie Wirtschaftsgrundlage. Gewerbe, Fischerei, Fremdenverkehr beruhen auf der Kraft dieser natürlichen »Brunnen«. Viele Ballungsgebiete, die weitab liegen, sind mit ihren Wasserleitungen ebenfalls an diese Seen angeschlossen.

schweren Bluterkrankungen (Leukämie) und mit allerlei Unpäßlichkeiten, die kaum aus dem Umkreis allgemeiner Abnutzungsschäden zu isolieren sind, neue Geißeln über die Menschheit zu schwingen. Strontium 89 und Strontium 90, Caesium 137 und Jod 131 gelangen über Oberflächenwasser und Trinkwasser in die Körper, in das Blut, in die Drüsen von Tieren und Menschen. Die Strahlenwirkungen, die sie dort entfalten, übertreffen im schleichenden Effekt das Ausmaß »traditioneller« epidemischer Katastrophen, etwa schwarze Pocken, Blattern, Pest und Cholera. Die dem Wasser mitgegebenen Strahlenkräfte nehmen ja beim Wirt zu. Diese »Epidemien« werden nie mehr erlöschen.

Die Weltgesundheitsorganisation empfiehlt, dort, wo es nicht möglich ist, den Trinkwasserbedarf allein aus dem Grundwasser tieferer Schichten zu befriedigen, die Zahl der permanenten bakteriologischen Untersuchungen nach der Bevölkerungszahl festzulegen. Für 20 000 Einwohner – an einem »Brunnen« – genügt es einmal monatlich, das Wasser zu untersuchen, für 50 000 alle 14 Tage. Für Gemeinden mit 100 000 Einwohnern und darüber soll alle vier Tage das Leitungswasser kontrolliert werden. Eine große Anzahl von Laboranten in gut eingerichteten Arbeitsräumen und eine erhebliche Organisation wären dazu vonnöten. Außerdem sind chemische Untersuchungen und biologische Untersuchungen in regelmäßigen Abständen unerläßlich. Wenn dabei festgestellt würde, das Wasser sei verschmutzt oder gar verseucht, wäre zuerst nach anderem einwandfreien Wasser Ausschau zu halten. Wenn möglich sollte »neues Wasser« erschlossen werden.

Dazu ist ein Angriff auf die umliegende Landschaft erforderlich. Land muß gekauft, die Bewohner müssen umgesiedelt und die bisherige landbauliche Nutzung muß eingestellt werden. Abfindungen sind zu zahlen. Einfriedungen, Aufforstungen und Bohrungen in große Tiefen sind die darauf folgenden Maßnahmen. Sie kosten Zeit und Löhne. In den Wasserreservegebieten darf dann ab sofort keine Veränderung an der Erdoberfläche mehr vorgenommen werden. Das bedeutet, daß Wassereinzugsgebiete ein für allemal aus dem Verkehr genommen sind. Landschaftsteilen, die kein »beschaffenes« Land mehr bleiben, ergeht es wie den Naturschutzgebieten, die in einem bestimmten unkomplizierten Kulturzustand angehalten werden sollen. Von der lebendigen Beziehung zur Gesamtheit landschaftlichen Umtriebs isoliert, verändern sich bisweilen die Voraussetzungen für die Wasserergiebigkeit der vorgesehenen Gebiete. Unter diesen Umständen ist das Angebot der skandinavischen Länder, sauberes Wasser aus ihrem Überfluß durch lange Rohrleitungen in die Ballungsräume Mitteleuropas schicken zu wollen, nicht ganz von der Hand zu weisen. Doch bis dahin ist noch gute Weile.

Ist also kein »neues Wasser« käuflich, müßte das beanstandete Wasser »aufbereitet« werden. Die einfachste Entkeimung ist das Kochen des Wassers. Daß das Leitungswasser wirklich abgekocht ist, ehe es von dem Verbraucher aus dem Zapfhahn entnommen wird, ist unwahrscheinlich und wohl auch nicht durchführbar. Zum Kaffeebrühen wird Leitungswasser natürlich – vor dem Gebrauch – gekocht, aber zum Zähneputzen dann doch schon wieder nicht. Zur Entkeimung zugelassen sind Chlor, Ozon und Silberverbindungen. Solche Zusätze dürfen aber nicht ohne Zustimmung der Gemeindevertreter dem Wasser zugefügt werden. Sogar jeder einzelne Verbraucher ist berechtigt, sich über die Art und den Umfang dieser Entkeimungsmaßnahmen zu informieren.

Beginnt schon das Trinkwasser im Haushaltsetat der Städte einen erheblicheren Posten einzunehmen als je zuvor, wie dann erst das Abführen des gebrauchten und von Unrat belasteten Wassers, das weder in der Nähe der Wohngebiete verrieselt noch in die Nähe der Quell- und Wasserreservegebiete gelangen darf und schon gar nicht mehr den Flüssen und Seen zugeschickt werden kann, wie dies bis in die Gegenwart üblich und sittlich war.

Was für den Bodensee gilt, gilt auch für alle anderen kleinen und größeren Seen Mitteleuropas: das Wasser regeneriert sich nicht mehr ausreichend. Die Seen erlahmen oder wie die Limnologen sagen: sie sind am »kippen«. Schon lange werden die Abwässer durch tief in den See reichende Dolen vom flachen Ufer fort in die Seemitte befördert. Trotzdem ändert das Wasser seine chemische, biologische und physikalische Struktur zusehends. Das Wasser ist weniger durchsichtig, die Ablagerungen in der Tiefe sind schwärzlich, Faulschlammbänke bilden sich, und Algen wachsen in die Höhe. Zuviel Nährstoffe sind vorhanden, als daß die Fische sie biologisch umsetzen könnten. So vermehrt sich das Plankton geradezu explosiv. Weil die Fische sich zu mühelos und zu gut vollfressen können, wachsen sie zu schnell und werden häufig vor dem Laichen schon abgefangen. Die Qualität des Fischfleisches sinkt, und frische Brut muß eingesetzt werden, die wiederum besonders gegen die Erwärmung des Wassers von der Tiefe her empfindlich ist. Die Temperatur der Abwässer liegt meist etwas über der Seetemperatur.

Die düngenden Phosphate, die in den Abwässern enthalten sind, bringen dem See zu reichlichen Stickstoff. Sauerstoff dagegen mangelt, nicht zuletzt infolge der Detergentien, die mit den Abwässern einspülen. Ohne ausreichenden Zutritt von Sauerstoff aber kommt eine bakterielle Verunreinigung in Gang, die schwer aufzuhalten oder biologisch auszugleichen ist.

Für alle Gemeinden, die an Seen gelegen sind, ist ihr See sowohl Trinkwasserspeicher wie Wirtschaftsgrundlage. Gewerbe, Fischerei, Fremdenverkehr beruhen auf der Kraft dieser natürlichen »Brunnen«. Viele Ballungsgebiete, die weitab liegen, sind mit ihren Wasserleitungen ebenfalls an diese Seen angeschlossen. Die Existenz vieler Großstädte beruht auf dem »natürlichsten« Landschaftsanteil, der uns noch geblieben ist, auf einem Fluß oder auf einem See.

Jede Stadt mußte fallen — und jede Gemeinsamkeit fällt auseinander —, sobald die Brunnen versiegen. Die Kultur ist ohne Wasser schnell am Ende.

Große und kleine Städte, Ballungsgebiete und Ufergemeinden, sind an den Reinhaltungsmaßnahmen interessiert und werden zu den Kosten herangezogen. Für den Bodensee sind seit 1953 32 Millionen D-Mark aufgewendet worden. Für nur eine der Kläranlagen am Rhein, die die Stadt Düsseldorf braucht, sind ebenfalls Millionen verbaut worden. Als Faustzahl mag die Relation gelten, daß rund 100 Millionen D-Mark angelegt werden müssen, um die Abwässer von drei Millionen Menschen auf die Dauer einwandfrei zu klären. Kleine Gemeinden können diese hygienischen Zwangsauflagen kaum in Angriff nehmen. Planungsverbände und Interessengemeinschaften greifen über die kommunalen und über die Landesgrenzen hinweg. Bestimmend für den Zusammenschluß wird der »Brunnen in der Landschaft«.

Die Kosten für die Klärung der Abwässer, ehe sie dem See oder Fluß zugeführt werden dürfen, liegen übrigens höher als jene, die notwendig sind, um die Seewasser zu Brauch- und Trinkwasser aufzubereiten oder neue Quellgebiete zu erschließen.

Ringleitungen, die die Abwässer der Ufergemeinden sammeln und zu Großkläranlagen transportieren, wie dies jetzt um des Fremdenverkehrs willen und wegen der zunehmenden Besiedlung rund um alle oberbayerischen Seen geschieht, setzen geschickte und geduldige Verhandlungen voraus. Gespräche am Brunnenrand haben gesellschaftsbildende Bedeutung. Denn was nützt es, wenn eine Stadt klärt, und die Jauche des Dorfes fließt weiter in den Fluß?

Wo bleibt die Vernunft, wenn ein Seeufer die Abwässer sammelt, und das gegenüberliegende Seeufer – anderer Nationalität – sammelt sie nicht, wie beispielsweise am Genfer See, am Bodensee, wie zwischen Kopenhagen und Malmö? Das Wasser hat die Bestimmung, den Durst zu löschen, und es hat die Kraft, zu reinigen. Von jeher ist es in beiderlei Eigenschaft gleichzeitig benutzt worden. Erst der Einsicht unserer Generation bleibt es vorbehalten, zu entscheiden, von welcher seiner Dienstbarkeiten wir jeweils Gebrauch machen wollen oder dürfen. Jedenfalls sollte der Brunnen, aus dem wir schöpfen, niemals trübe werden, die Reinhaltung mag kosten, soviel sie will. Im Verhältnis zu beispielsweise den Rüstungskosten oder den Summen, die zur Unterhaltung des »stehenden Heeres« vom Gesamtsteueraufkommen der Nation abgezweigt werden, sind dies kleine Fische – im Brunnen. Der Schutz der Brunnen ist eine strategische Notwendigkeit. Sind wir auch für diesen Fall »gerüstet«? Und können im Ernstfall die Armeen junger Männer die Brunnen schützen? »Rüstung für den Frieden« drückt sich im Bereitstellen von ausreichenden Mitteln für das Gesunderhalten der Landschaften aus, an denen »die Brunnen« lebenswichtigen Anteil haben. Wenn wir aus dieser Einsicht nicht die Folgerungen ziehen, wird uns die Landschaft, unsere große zivile, überzivilisierte Mutter, nicht mehr schützen und erhalten können. Wir sind ja im Begriff, sie restlos zu verbrauchen!

Der Schornstein

Erde, Feuer, Wasser und Luft sind die Elemente des klassischen Altertums. Sie galten so lange als die Urstoffe, aus denen alle anderen geworden sind, bis die Naturwissenschaft uns eines Besseren belehrte. Aus den 4 Urstoffen sind 100 geworden. Rund 100 Grundstoffe erkennt die Wissenschaft als »nicht mehr weiter zerlegbare Grundsubstanzen« an.
Jedoch wenn wir heute, seit sieben Generationen vollkommen dem naturwissenschaftlichen Weltbild untertan, weiterhin einfach Erde, Feuer, Wasser, Luft sagen, so meinen wir wohl eigentlich damit das Selbstverständliche, das Grundlegende und immer Verfügbare, von dem unser Dasein getragen wird. Wohl wissend, daß die vier Elemente: Erde, Feuer, Wasser, Luft, durchaus keine einheitlichen Urstoffe sind, agieren wir mit ihnen, als seien sie nicht nur nicht unteilbar, sondern auch unbeeinflußbar, unverderbbar und unverbrauchbar.
Allem, was natürlich ist, steht der Mensch, als Teil der Natur, ziemlich unbefangen gegenüber. Die Natur entlockt ihm zwar Staunen, bietet ihm Überraschungen, verursacht gelegentlich Panik – aber nichts kann seine Vorstellung von dem unabweichbaren Gang der Dinge wirklich erschüttern. Regen und Sonnenschein, Schnee und Hagel, Wind und Dürre wechseln wie Tag und Nacht.
Der Frühling dauert nicht und nicht der Herbst. Jede Himmelserscheinung trägt ihren ausgleichenden Rhythmus in sich. Daß dabei einige Teile unserer Weltkugel bevorzugter sind als andere, wird als »naturgegeben«, als unabänderlich hingenommen. Die kulturtechnischen Zeugnisse menschlichen Fleißes und menschlicher Erfindungsgabe berühren nur die Oberfläche und betreffen nur sehr kleine Flecken der Erde. Alles menschliche Tun, um die Ungerechtigkeiten einigermaßen zu korrigieren, bleibt doch an die elementaren Rhythmen gebunden.
Immer wieder haben die Menschen versucht, die Schwerkraft zu überwinden. Heute ist Fliegen eine Selbstverständlichkeit, wenn auch mit viel mehr technischem Aufwand, als »Ikarus« sich vorgestellt hatte. Dafür geht es auch viel höher in den Himmel hinauf, als »Ikarus« zu denken wagte. Immer wieder ist versucht worden, die Gewalt der Wasser zu zähmen. Die Einpolderungen,

die Marschen hinter Deichen, die schiffbaren Flüsse und Kanäle, die Schiffshebewerke, die riesigen Staudämme und die lautlosen Turbinen in allen Erdteilen stellen unter Beweis, wie weit menschliche Phantasie realisierbar ist. Dem vollkommenen Fruchtbarmachen aller Landteile stellt sich bis jetzt der fehlende Regen entgegen, für den die Wolken sich über ariden Gebieten nicht bilden wollen. Das Abtauen der Pole ist zwar theoretisch möglich, aber Wind und Wetter sind vorerst doch nur etwa berechenbar, mit einiger Wahrscheinlichkeit voraussehbar, jedoch noch immer nicht bestimmbar.

Die große Energie der atmosphärischen Prozesse ist das Haupthindernis. Das Verschieben der Luftmassen, die Entwicklung von Wolken und das Fallen von Niederschlägen, selbst die Zyklone entstehen ja dadurch, daß enorme Energiemengen von einer Form in eine andere übergehen. Falls es gelingen würde, die Übergänge zu steuern, also sie in einer bestimmten Richtung in Bewegung zu setzen oder den Zeitpunkt ihrer Auslösung zu bestimmen, könnte der Mensch sehr wohl in die Wechselwirkungen des Wetters, in diesen Kampf von Widersprüchen eingreifen.

Automatische Steuerung von Prozessen ist an sich heute kein Problem mehr, nur fehlen in der Atmosphäre die Kanäle, in welche die Steuerung die Abläufe hineinlenken könnte.

Aber es scheint heute nur mehr eine Frage kurzer Zeit zu sein, daß kettenartig verbundene Reaktionen innerhalb der Luftmassen wie Kanäle zur Steuerung der Abläufe benutzt werden können. Das Einwirken auf labilkritische Zustandsformen, beispielsweise einer Wasserwolke, dadurch, daß eine geringe Menge Kälte hinzugefügt wird, kann einmal die Wolke auflösen oder auch den Niederschlag auslösen. Beides hat heute schon praktische Bedeutung und wird zum Herstellen klarer Sicht über Flugplätzen angewendet. Auch bei der Verhinderung von Hagelbildung sind schon positive Ergebnisse erzielt worden. Versuche, Schnee und Regen über bestimmten Gebieten zu intensivieren, zeigen bisweilen einigen Erfolg.

Und wiederum ist es lediglich eine Frage der Zeit, daß über diese lokal begrenzten Einwirkungen hinaus mit einer Veränderung der Klimate begonnen werden wird. Die uns überlieferten großen Klimaveränderungen zeugen ja davon, daß verschiedene Zustände des labilen Gleichgewichts, die wir heute als »normal« empfinden, möglich sind.

Genaugenommen übt die Tätigkeit des Menschen auf der Erdoberfläche bereits einen Einfluß auf das Klima aus, wenn auch unbeabsichtigt. Das Abholzen der Wälder, das Vermehren der gepflügten Landteile gegenüber jenen, die mit einer permanenten Vegetation besetzt sind, die Anlage künstlicher Wasserflächen, das Austrocknen von Mooren und Sümpfen und dergleichen mehr verändern den Charakter der Erdoberfläche und beeinflussen die thermischen Verhältnisse der

darüberstehenden Luft. Der Einfluß ist stark genug, daß er bemerkbar wird. Vor allem ist er meßbar.

Außerdem ändert sich durch die menschliche Tätigkeit die chemische Zusammensetzung der Luft. Das Kohlenoxyd, das beispielsweise bestimmte Industrien auswerfen, spielt in der physikalischen und chemischen Bilanz der Atmosphäre eine nicht unwesentliche Rolle. Das Überhandnehmen von Kohlensäure absorbiert die infraroten Strahlen, wodurch sich die Strahlenenergien erheblich verändern.

Kohlenoxyde entströmen den Fabrikschornsteinen mit Rauch und Staub und Ruß zusammen. Kohlenoxyde entströmen den Auspuffrohren der Verbrennungsmotoren, genau bis in die Atemhöhe aufsteigend. Kohlenoxyde, belastet mit Phenolen, sinken aus den ölbeheizten Häusern auf Straßen, Gärten und Wasserläufe nieder.

Die Befürchtung, daß in gewissen, stark benutzten und dicht bewohnten Teilen der Erde das Klima andauernde unerwünschte Veränderungen erfahren könnte, ist berechtigt. Diese Erkenntnis ist bestürzend, zumal sie uns trifft, noch ehe wir gelernt haben, die Auswirkungen unseres Tuns auf dem Boden und am Wasser mit Flora und Fauna voll zu ermessen und vorher zu berechnen. Die kulturtechnische Arbeit an der Erde und ihrem Bewuchs und die Ausnutzung der Wasserkräfte haben keineswegs nur negative Seiten. Ganz im Gegenteil! Mit dem Recht, das sich der Mensch durch seine Erfolge bei der Zähmung der drei anderen Elemente erworben hat, wird er sich eines Tages ohne Zweifel durch gelenkte Verteilung von Wolkenfeldern und durch das Beeinflussen der Luftdruckverhältnisse in den Prozeß des Feuchtigkeitsaustausches regulierend einschalten. Der Niederschlag initiiert ja erst die Fruchtbarkeit des Bodens und die Wachstumskräfte der Vegetation. Hier war bisher die Initiative des Menschen recht unbeholfen. Wieweit allerdings das Umgestalten der Klimate wirklich zweckmäßig ist, bleibe dahingestellt.

Als gesicherte Erfahrung gilt, daß, wenn eine der Schlüsselstellungen für den Wasserhaushalt der Natur – der Regen, Schnee, Tau, Hagel, Nebel, Wolken, Quellen, Grundwasser, Flüsse, Seen, Ozeane umgreift – gestört wird, sich eine unabsehbare Folge von Zerstörungen im Lande bemerkbar macht. Eine solche Schlüsselstellung in Europa haben die Waldgebirge inne, aus deren ausgeglichenen, geschützten Tälern immer wieder kulturelle Impulse hervorgegangen sind.

Wo kein Wald ist, ist auch das Wasser knapp. Liegt der Jahresdurchschnitt an Niederschlägen in einem Lande, wie z. B. in Marokko, bei 300, so fällt dieser Wert in der Richtung der Wüste und steigt gegen die Gebirgszüge hin auf das Doppelte an. Allein schon das Kahlschlagen eines Waldstückes, insbesondere am hängigen Gelände, oder das Ausputzen von Hecken und Feldgehölzen verändert die Wasserhaltung, denn das arretierende Flechtwerk der Wurzeln fehlt. Wo keine Vegetation atmet, fällt sofort weniger Tau. Tau und Wasserdampf, der direkt von der Pflanze aus der Luft absorbiert wird, können drei Viertel der benötigten Wassermenge an den Erdboden heranbringen. In trockenen Jahren bringt ein guter Tau mehr Segen als ein vorübergehender Strichregen.

Besonders in heißen Klimaten, wo die Landschaft aller Bäume beraubt ist, ist das Land austrocknenden Winden und viel zu heftigen Regenstürzen in verheerendem Maße ausgesetzt. Wind- und Wassererosionen sind Landschaftsschädigungen, die heute schon durchaus ablenkbar wären. Sie sollten uns vorläufig noch mehr am Herzen liegen als das Wettermachen.

In den Vereinigten Staaten von Nordamerika sind insgesamt Flächen, die doppelt so groß sind wie die Bundesrepublik Deutschland, infolge von Entwaldungen Wind- und Wassererosionen preisgegeben. Russische Bodenkundler gaben vor kurzem Ergebnisse von Untersuchungen im Kaukasus bekannt, die die durch Erosion bewirkten Stickstoffverluste betreffen. Auf 1 Hektar Eluvialboden (Verwitterungsboden) ergab sich ein Verlust von 59 kg Reinstickstoff, während bei dem für Erosionen weit anfälligeren Diluvialboden (Abtragsboden) die ungeheure Menge von 445 kg gemessen wurde. Bis zu 80 % des zentralrussischen Plateaus zwischen Dnjepr und Wolga sind von Erosionen bedroht. Starkregenfälle verursachen immer erhebliche Ertragsverluste und Wirtschaftsausfälle. So wurden in den vergangenen Jahren in Westfalen Verluste bis zu 75 % des Ertrags durch unausgeglichene Niederschlagsverhältnisse nachgewiesen.

Solche Güsse haben noch nachhaltigere Folgen, da durch das anhaltende und harte Regnen Humus in den Untergrund gepflügter Böden eingeschwemmt wird. Bodenverdichtungen entstehen, die durch künstliche Bewässerung in etwa folgenden trockenen Jahren leicht zu Staunässe führen können.
Durch jede künstliche Bewässerung finden Abbauvorgänge im Boden statt. Die Kleinlebewelt vermehrt sich übernormal und führt dann zu Substanzverbrauch, wenn nicht organische Dünger hinzugefügt werden.
Schon eine einzige Reihe Bäume vermag als Windbrecher zu wirken. Einige Reihen Ulmen in Holland dicht an der See fielen der Ulmenkrankheit zum Opfer. Nachdem sie gefällt waren, fiel der Wind ungehindert ins Land. Bodenabkühlung und Trockenheit waren Folgen, die auch den Neuaufbau einer Windschutzpflanzung erschweren. In der Soester Börde trägt der ungebrochene Wind, der zum Staubsturm zu werden vermag, in Sandhosen, die bis zu 200 m hoch steigen, wertvollen Humus mit hinweg. Auch das Moor staubt, wenn es »kultiviert« ist. Saatgut und Kunstdünger fliegen dann mit dem Wind. Die kostbare Schwarzerde des Marchfeldes ist von Wald ganz ungeschützt. Der Wind greift sie erbarmungslos an. Selbst die lehmigen Böden können vom ungebrochenen, austrocknenden scharfen Wintersturm in Bewegung gebracht und fortgetragen werden. Die amerikanischen Staubstürme, die über Nacht reiche Farmer zu Bettlern machten, die den Verkehr lahmlegten, die die Starkstromüberlandleitungen unterbrachen und die Gräben und Wiesen mit Staub bedeckten, mit eben jenem Humus nämlich, der weitab nun fehlte, sind in die Geschichte der Landeskultur als bitterste Daten eingetragen. Im kleineren Umfang kommt das überall vor.
Wenn schon Sandstaub Schaden an den Atmungsorganen und den Augen hervorruft – die Wüstenvölker bedecken trotz der Hitze Nase und Mund und beschatten soweit als möglich die Augen, wenn es stürmt –, um wieviel abträglicher sind jene Staube, die pausenlos über unsere mitteleuropäischen Kulturlandschaften herabrieseln. Besonders dort, wo viele Menschen sich um des guten Verdienstes willen zusammenfinden, belasten die Heizanlagen, die Industrien, bereitet genaugenommen jeder Arbeits- und Bewegungsprozeß rußigen, chemisch angereicherten, giftigen Staub. Atemnot, Kopfschmerzen, gereizte Schleimhäute führen zu Leistungsabfall, denn der überhöhte Kohlenoxydanteil der Luft über den Städten verdrängt den Sauerstoff aus dem Blut, aus jeder einzelnen Zelle unseres Körpergewebes. Gehirn und Herz sind besonders sauerstoffbedürftig. An ihnen wirkt sich der Mangel am frühesten und nachhaltigsten aus. Herzinfarkte zählen genaugenommen zu Kohlenoxydvergiftungen...
Kohlenoxyde entströmen den Fabrikschornsteinen mit Rauch und Staub und Ruß zusammen. Kohlenoxyde entströmen den Auspuffrohren der Verbrennungsmotoren, genau bis in die Atemhöhe aufsteigend. Kohlenoxyde, belastet mit

In den großen Städten verhindert die bekannte, die Sonneneinstrahlung mindernde Staub-Ruß-Dunsthaube, daß die hilfreiche Vegetation so mühelos gedeiht, wie es den Menschen und dem Etat zu wünschen wäre.

Phenolen, sinken aus den ölbeheizten Häusern auf Straßen, Gärten und Wasserläufe nieder.
An der Produktion der CO-Gase sind wir alle beteiligt.
Die Fabrikschornsteine sollen rauchen – denn ihr Rauchen verheißt Arbeit und Lohn für viele. Mit dem sicheren Arbeitsplatz und dem guten Lohn sind das Anschaffen und das tägliche Benutzen eines Kraftfahrzeuges eine Selbstverständlichkeit. Mehr Bequemlichkeiten im Haushalt und »Schönheit am Arbeitsplatz« ziehen auch die Hausfrauen in den Verdienstprozeß hinein. Hierzu verhilft zu Hause und im Büro die Ölheizung, die zwar ohne Wartung und ohne Rückstände wärmt, jedoch hochgiftiges Gas entläßt, das schwerer als die Luft ist. Es zieht nicht hoch hinaus, sondern fällt tief hinein in die Städte.
Wen also wollen wir anklagen für Zustände, die wir selbst verursachen und die ad absurdum führen, was wir eigentlich erstreben? Ein gesundes Dasein ist es jedenfalls nicht. Das Ergebnis rechtfertigt den Einsatz keinesfalls.
Das weitere Ansteigen der Luftverunreinigungen, die sich längst nicht mehr nur auf die Ballungsgebiete beschränken, muß abgestoppt werden; die Kurve muß fallen. Außer Herz und Hirn sind auch die Lungen gefährdet. Ob der Lungenkrebs, der immer häufiger zur Todesursache wird, eine Folge übermäßigen Nikotingenusses ist oder eine Folge immer unzulänglicherer Luftverhältnisse in den Städten, ist vorläufig noch offen. Eines bedingt ja das andere. Denn wären die Menschen nicht so ausgelaugt und abgehetzt, wäre ihr Leben nicht so stumpfsinnig und unnatürlich – sie brauchten das Stimulans weit weniger häufig.
Es ist eine Frage der Gesetzgebung – um nicht zu sagen der Einsicht und des guten Willens – , die Probleme der Entstaubung und Entgiftung der Luft über den Städten zu lösen. Vielleicht ist es auch eine Frage des autoritären Prinzips, denn in der Sowjetunion – so beweisen offiziell herausgegebene Luftaufnahmen – haben umfangreiche Luftreinigungsmaßnahmen fünf Sechstel der Staub- und Schwebstoffe aus der Atmosphäre über den großen Industriezentren entfernt. Daß Staubfilteranlagen teuer sind, dürfte in Ländern freier Wirtschaftsformen erst recht keine Rolle spielen.
Die Konventionen von Los Angeles haben es durch ein freiwilliges Programm zuwege gebracht, daß in den meteorologisch schwierigen Monaten Mai bis Oktober die Industrie anstatt Öl Erdgas feuert und daß bestimmte Kraftstoffe nicht ausgegeben werden, die nachweislich unverbrennbare Rückstände versprühen. Anscheinend ist für solche Entschlüsse eine außergewöhnliche, Leben und Sicherheit von Millionen Menschen gefährdende Lage erforderlich. Die Stadt – auf die im Jahr 750 Tonnen Emissionen herabrieseln – verdoppelte in den letzten Jahren ihre Einwohnerzahl. Los Angeles liegt in einem Kessel, der von drei Seiten durch die Sierra Nevada gebildet wird. Nur gegen den Pazifik ist die Stadt offen und ein Luftaustausch möglich. Senkt sich bei bestimmten

Luftdruckverhältnissen der Warmluftdeckel über der Stadt unter 500 Meter, kann die über der Stadt erhitzte feuchte Luft nicht mehr abstreichen. Die City gleicht dann einem Hexenkessel. 15 000 Fabrikschornsteine, 1,5 Millionen Hausmüllöfen und annähernd 4 Millionen Auspuffrohre machen die Atmosphäre lebensgefährlich. Tatsächlich gibt es Staube, deren Korngröße im submikroskopischen Bereich liegt, die quasi Rauch sind und die sich nicht mit den üblichen Anlagen ergreifen lassen, die elektrostatische Anziehungskräfte den Schwere- bzw. Massenkräften der Partikel entgegenstellen.

Es ist offenbar eine Angelegenheit der Produktionsverfahren, das Entstehen

Es ist offenbar eine Angelegenheit der Produktionsverfahren, das Entstehen dieser Art Staube zu vermeiden, die als dichter Schleier sowohl ultraviolette Strahlen als auch Sonnenlicht abhalten und den auffrischenden Winden widerstehen.

dieser Art Staube zu vermeiden, die als dichter Schleier sowohl ultraviolette Strahlen als auch Sonnenlicht abhalten und den auffrischenden Winden widerstehen. Gerade aerodynamische Analysen haben erwiesen, daß der Fraktionsgrad dieser Feinstaube verbessert werden kann durch das Hineinsteuern aus den Reibungsströmungen in Rotationsströmungen, also durch das Bilden künstlicher Wirbel.
Emissionen von schädlichen Verbindungen aus dem Schwefelgehalt der Kohle und das Entweichen von Schwefeldioxyd in die Atmosphäre verpesten die Atemluft ganz besonders. Noch gibt es kein wirtschaftlich arbeitendes Verfahren, dies

zu verhindern. Es ist schwierig, Abgase so zu behandeln, daß sie ungiftig und geruchlos werden und dabei doch widerstandslos durch die Kamine abziehen.
Akrolein, Blei-Tetraäthyl, Formaldehyd, Azeton und Benzol sind von den Zusätzen in Kraftstoffen einige, die außer dem Kohlenoxyd und den nicht verbrannten ungesättigten Kohlenwasserstoffen die Atmungsorgane reizen und schädigen. Obligatorische Nachverbrennungsanlagen an den Autos, die diese Unvollständigkeit an den so überaus schnittigen Vehikeln beseitigen, werden auf die Dauer wesentlicher sein als das Angebot immer neuer Modelle.
Arsen war die erste Substanz, die als krebserregend erkannt wurde. Im ganz normalen Schornsteinruß ist gar nicht wenig Arsen enthalten. Solange dieser Ruß, der trotz regelmäßiger Reinigungen der Schornsteine im Rauch enthalten ist, mit dem Wind davongetragen wird, macht er nicht viel Schaden. Aber zusammen mit dem Feinstaubmantel und der Dunstglocke über den Städten muß er am Orte bleiben. Herabsinkender fettiger Ruß legt sich auf alle Gegenstände. Die größeren Verbrennungsfetzen aus den Hausmüll-Verbrennungsanlagen mitten in den Wohngebieten gesellen sich dazu.
An den Glas-, Metall-, Kunststoff- und Keramikfassaden, die die Städte ja eigentlich hell, elegant und sauber machen sollen, sind diese vom Himmel stammenden Verunreinigungen besonders bemerkbar. Detergentien in immer größerer Menge werden in allerlei Putzmittel eingebracht, um diesen Film zu lösen. Detergentien haben aber außer dieser appetitlichen auch eine sehr unappetitliche Wirkung auf die Kläranlagen der Städte und in den Flüssen und Seen, wohin sie abgeleitet werden, wenn Abwässerbehälter noch immer nicht angelegt wurden.
Im Ruhrgebiet senken sich jährlich nahezu 2 Millionen Tonnen Staub, Asche und Ruß auf die Bevölkerung nieder. 4 Millionen Tonnen Schwefeldioxyd strömen in die Luft darüber. In Berlin wurden auf einen Quadratmeter 2150 Staubteilchen gemessen, in Hamburg unter den gleichen Voraussetzungen bereits 4000, in Essen 12000, in Dortmund 20000. An der Verstaubung der Atmosphäre haben auch die Eisenbahnen und die Dampfschiffahrt auf den Wasserwegen einen beträchtlichen Anteil. Messungen haben ergeben, daß 30 Gramm im Monat auf einen Quadratmeter entlang der Bahnen keine Seltenheit sind. Ungeeignete Kohle und veraltete Feuerungssysteme sind meist die Ursachen. Das Fehlen dieser Art von Verschmutzungen bei elektrifiziertem Bahnverkehr ist der schlüssige Beweis hierfür. Würden die Antriebsmotoren der Kraftwagen auch auf Elektrizität umgestellt, was durchaus im Bereich des Möglichen und Wirtschaftlichen liegt, wären gleich zwei Fliegen mit einer Klappe geschlagen: Auspuffgase und Lärmgeräusche würden das Leben in den Städten nicht mehr belasten.
Jeder Mensch atmet täglich rund 12 Kubikmeter Luft durch seine Lungen. 20 Milligramm Staubkerne verschiedener Größe werden, außer denen, die bereits an den Nasen- und Rachenwänden hängenbleiben, normalerweise bis in den

tiefsten Grund der Lunge eingeatmet. Schwerarbeitende und Sportler, aber auch lebhaft spielende Kinder atmen weit mehr Staubpartikelchen ein. Das bisher wirksamste Mittel gegen den Staub ist das Laub der Bäume und Büsche, sind Kräuter und Gräser. Sie selbst liefern keinerlei Staub in die Atmosphäre, filtern aber mit ihren vielfältig strukturierten und nach allen Seiten gewendeten Flächen die darüberstreichende Luft. Bewegungshemmend bildet bereits jeder Grashalm eine Luftstille hinter sich, wo schwere Teile von selbst absinken. Dies allerdings nur, wenn die Pflanzen das Luftstreichen nicht völlig verhindern, was bei zu hohen Hecken und Dickichten der Fall sein kann.

In den großen Städten verhindert die bekannte, die Sonneneinstrahlung mindernde Staub-Ruß-Dunsthaube, daß die hilfreiche Vegetation so mühelos gedeiht, wie es den Menschen und dem Etat zu wünschen wäre. Selbst der Regen, der fällt, ist ja belastet und wäscht den fettigen Belag nur unzureichend vom Blattwerk. So können auch die Pflanzen bald nicht mehr atmen, um so weniger, als Pflegewasser, im Hinblick auf die kritische Grundwassersituation in fast allen Ballungsgebieten, nicht uneingeschränkt zur Verfügung steht. Der auf die Treibhäuser der Industriestädte fallende Staub schluckt ein Drittel der ohnehin reduzierten Sonnenstrahlen. So bleiben Gemüse und Obst und auch Jungpflanzen unterentwickelt, und der Produktionsertrag bleibt hinter dem Bundesdurchschnitt zurück.

Längst nicht alles an Niederschlägen kommt den Vegetationsbrücken zwischen den Ortskonglomeraten, freundlicherweise Stadtlandschaften benannt, zugute. Die erhöhte Temperatur, die sich über Steinmassen bildet, verbraucht das Naß. Es verdunstet zu schnell, und zuviel fließt einfach in die Kanalisation. Die relative Luftfeuchtigkeit ist demnach niedriger als in der freien Landschaft oder nahe von Gärten. Dies allein ist schon Grund genug für Staubkatarrhe und erhöhte Nervosität.

Alle Vegetation in und um die Städte ist außerdem durch das verströmende Schwefeldioxyd im Bestand gefährdet. Das bezieht sich sowohl auf Getreide und Gemüse als auch auf Wälder und Parkgärten. Nicht nur die Kinder wachsen in vergifteter Luft weniger gut, selbst die anspruchslosen Kiefern erreichen in Emissionsgebieten nur ein Drittel ihrer normalen Höhe.

In Verantwortung für die Landschaft werden von wissenschaftlicher Seite Versuche angesetzt, die feststellen sollen, inwieweit Nadelwald oder Laubwald gegen Luftverunreinigungen resistent ist. Die Vorbereitungen von Waldungen aus bestimmten Bäumen und Unterhölzern, die nachweislich gegen Staub- und Rußfall, gegen Abgase und Flugasche unempfindlich sind oder die gegen die eine oder andere Erscheinung unempfindlich gemacht werden können, wird für den Landschaftsaufbau der Zukunft entscheidende Bedeutung haben.

Das Gesetz, das den vorgelegten und genehmigten *Landschaftsaufbauplan* zur

Im Ruhrgebiet senken sich jährlich nahezu 2 Millionen Tonnen Staub, Asche und Ruß auf die Bevölkerung nieder. 4 Millionen Tonnen Schwefeldioxyd strömen in die Luft darüber.

Bedingung stellt, *ehe* die Freigabe irgendeines Geländes für bauliche oder gewerbliche Zwecke erfolgt, fehlt bis heute. Forschungen auf dem Gebiete der Ökologie in der Landschaft würden durch den obligatorischen Landschaftsaufbau die entsprechende Basis erhalten.

Gegen Schwefeldioxyd, Ammoniak, Quecksilberdämpfe, Äthylen und Kohlenmonoxyd ist noch kein Kraut gewachsen, und Fluor, das gefährlichste der ausströmenden Industriegifte, beschädigt jährlich weiteste Strecken Landschaft derart, daß die landbauliche und forstwirtschaftliche Nutzung in Frage gestellt wird. Diese Gebiete sind aber auch nicht als Siedlungsgebiete zu empfehlen, und die sogenannten sauberen und ruhigen Industrien mit ihren gepflegten Gebäuden meiden diese Strecken düstersten Verbrauchs ebenfalls. Die Korrosionserscheinungen an Gebäuden und Denkmälern, beispielsweise am Londoner Parlamentsgebäude oder am Kölner Dom, sind zweifellos auf die zerstörenden Wirkungen giftbelasteter Luft zurückzuführen. Hüttenindustrie und Zellstoffproduktion und die Steinkohlen brennenden Kamine tragen daran ihren Teil Schuld.

Gegenwärtig ist eine sehr zwiespältige Tendenz bei der Neuansiedlung und dem Ausbau von Filialbetrieben auf dem industriellen Sektor zu verzeichnen. Weigert sich eine Stadt, neue »giftige« und »stinkende« und »staubende« Industrie bei sich aufzunehmen, um der Gesundheit ihrer Einwohnerschaft zu dienen und die umgebende Landschaft nicht weiter zu verbrauchen, so entgehen der Stadt zuerst einmal erhebliche Gewerbesteuern. Manche technische Verbesserung oder manche zusätzliche Sport-, Spiel- oder Bildungsmöglichkeit muß dafür zurückgestellt werden. Selten danken die Einwohner solche Umsicht. Die Industrie aber, wohl wissend, daß sie Arbeitskräfte für das Werk nur bekommt, wenn angenehme Wohnungen in schöner Lage und bei guter Luft angeboten werden können, dringt in Landschaften ein, wo bisher Ackerbau und Viehzucht überwogen. Das Alpenvorland ist in Gefahr, Industrieschwerpunkt zu werden, weil das Ruhrgebiet die letzten stillen Täler mit landschaftlichen Reizen und einigermaßen frischer Luft als Erholungsgebiete und hygienisch-biologische Ausgleichsfaktoren retten will oder retten muß. Vom Allgäu und dem Chiemgau aus ist es überdies weder zum Skilaufen im Winter noch im Sommer nach Italien weit, und damit werden junge Leute geworben. Die neuen Dauerwohngebiete in den bisherigen ausgesprochenen Sommerfrischenlandschaften erfreuen sich selbstverständlich der Beliebtheit, machen aber gerade diesen Teil Mitteleuropas für Reisende immer weniger anziehend. Niemand kann oder will sich dort erholen müssen, wo andere unter den gleichen Bedingungen und in ähnlichem Milieu so schwer arbeiten, wie man selbst zu Hause. Wo kein Horizont mehr ohne Schlote ist und der gleiche Lärm wie überall die Luft erschüttert, üben Landschaften keinen besonderen Reiz mehr aus.

Der Start eines einzigen Düsenflugzeuges verursacht – außer Lärm – eine Luft-

verunreinigung, die der von 6850 Auspuffrohren der Autos entspricht. An den Luftverunreinigungen sind ohnehin die Kraftwagen mit 50 % beteiligt, während auf die Industrie 35 % und auf die Haushalte 15 % entfallen.
Flugzeuge und vor allem Autos hören, sehen und riechen wir aber überall, wohin wir uns auch wenden. Nur dann ist es still in 15 Städten des Ruhrgebietes, wenn »Smog-Alarm« gegeben wird. Das Wort »Smog« ist zusammengezogen aus dem englischen smoke = Rauch und fog = Nebel. London ist durch seine geographische Lage prädestiniert und berüchtigt für diese Art lastender und belasteter Nebelbildungen, deren Giftigkeit sich nicht mehr nur in Rauch erschöpft. Viele sterben heute am »smog«.
Wenn die Konzentration von Schwefeldioxyd 5 Milligramm je Kubikmeter Luft erreicht und die kritische Wetterlage voraussichtlich mehr als 24 Stunden anhalten wird, darf die Atmosphäre nicht mehr zusätzlich mit Abgasen angereichert werden, sonst führt das Atmen zum Tode.
Alle Kraftwagen haben unverzüglich anzuhalten. Der Weg wird unter Umständen zu Fuß oder mit der »Elektrischen« fortgesetzt werden müssen. Industrien müssen auf schwefelarmen Brennstoff umstellen.
Unwillkürlich fragt man sich: warum eigentlich nur bei »smog«? Warum nicht immer – um den Segen des Himmels zu unterstützen? Selbst den Sternen muß geholfen werden, damit sie die Hoffnungen, die sich an ihre Konstellationen knüpfen, auch erfüllen.
Jeder Regen reinigt die Luft. Feuchter Boden arretiert die Schadstoffe. Gerüche werden besonders des Nachts bemerkt, eben durch den Tau und die ruhigere Atmosphäre. Das Verhalten der Abgase ist vom Luftdruck, vom Wind, von der Temperatur und der Bodenfeuchtigkeit abhängig. Die Dichtigkeit und die Art der Vegetation spielen dabei mit. Die lokalen Luftbewegungen, die Kleinklimate stehen in innigster Wechselbeziehung zum Bewuchs der landschaftlichen Topographie. Jede Luftaustauschbehinderung durch quer zum Wind liegende Höhenzüge oder auch nur durch Hochhäuser bewirkt Kondensationskerne. Die Wiederverdunstung der abgekühlten Schadstoffe ist besonders gefährlich. In der freien Landschaft tritt dieser Vorgang weniger in Erscheinung.
Grünanlagen veranlassen immer eine gewisse Luftströmung innerhalb der Bebauung. Auf diese aerothermischen Ausgleichsmöglichkeiten wird die Ortsplanung bei der Placierung von Punkthäusern, Wohnbergen und Zeilen in Zukunft stärker Bezug nehmen müssen.
Landschaftsausläufer bis tief in die Ortskerne hinein geben besser als jede frisierte Statistik Auskunft über die Beschaffenheit der Atemluft. Aus der Anreicherung der Pflanzenzellen mit Schadstoffen kann mit Sicherheit auf die Zuträglichkeit der Luft für die Menschen geschlossen werden. Die Phaeophytin-Bestimmung kann aus der Art der Verfärbung und auf Grund der Pflanzenteile,

die sich braun oder braunfleckig verfärben, untrüglich den Gehalt an beispielsweise Bleisulfat, Eisenoxyd oder alkalischer Flugasche feststellen.

Die Verunreinigungen der Luft aus Fabrikschornsteinen fallen weniger lästig, wenn die Schornsteine erhöht werden. Ragen die Schlote über die Inversionsschicht hinaus, hilft der Himmel ihr Gift zu verdünnen.

Die Verunreinigungen der Luft aus den Ölfeuerungen der Hausbrandanlagen fällt in dem Augenblick fort, wo Fernheizwerke die Versorgung übernehmen. Für zentrale Heizanlagen sind die notwendigen Filterungen wirtschaftlich. Die Heizwerke können in menschenleeren Gebieten liegen, denn wohin das Öl transportiert wird, bleibt sich gleich.

Die Verunreinigungen der Luft durch den Verkehr lassen sich beheben, wenn die Gase über dem Asphalt abgesaugt und durch die Kanalisationsrohre mit den Abwässern abgeführt werden könnten. Weitab in den Wind geblasen, sind sie wahrscheinlich ertragbar.

Die Landschaft trägt ja den Menschen – diesen Parasiten. Sie erträgt und verarbeitet seine Abfälle bis zum Erlahmen. Und der Himmel helfe ihr dabei.

Die Hand

Der Nil wird in spätestens drei Jahren südlich des neuen Assuan-Staudammes einen See von 455 Kilometer Länge und 25 Kilometer Breite bilden. Von Nubien mit seinen Dörfern, Städten, Festungen und Tempeln wird ein Teil überschwemmt sein. Seine 50 000 Menschen sind bis dahin woanders angesiedelt. Zur Stunde arbeiten Wissenschaftler und Techniker aller Herren Länder an der Rettung der Kunstwerke, vor allem des Felsentempels Abu-Simbels. In drei Jahren wird ein uralter ägyptischer Traum von dem vollkommenen Nutzbarmachen des Stromes Wirklichkeit sein.
Es gibt kein besseres und gegenwärtigeres Beispiel für die Maßstablosigkeit des Eingreifens in den Bestand der Landschaft und in das Leben der Menschen, deren Hände an der Beschaffenheit dieses Landes bisher mehr Anteil hatten als die Technik, die Berge versetzt und Träume realisiert.
Während mit einem ungeheuren Aufwand modernster technischer Errungenschaften eine äußerst genau durchgerechnete, durchkonstruierte und durchkalkulierte Planung ausgeführt wird, die ein brutaler und sehr gewagter Angriff auf alle Zusammenhänge des Landschaftsgefüges ist – stehen am gleichen Ort höchstgebildete, sensible Wissenschaftler und Künstler mit einem Heer von Handwerkern und klopfen mit kleinen Geräten ganz, ganz sachte die Zeugnisse alter Kulturen von den Felsen, die vor langer Zeit mit der Hand Generationen hindurch aus dem Gestein herausgeformt wurden. Die Kunstwerke sollen vor dem Aufkommenden – dem überwältigend Neuen bewahrt bleiben. Die Menschen aber, die gewissermaßen dort im Stande der Unschuld lebten, werden übergangslos in eine neue Umwelt verpflanzt, quasi von einem Jahrhundert in ein übernächstes versetzt.
Bei den großen strukturellen Umplanungen in aller Welt bringen die verschobenen Maßstäbe Land und Leute in Gefahr. Das Bewußtsein orientiert sich an Zeit und Raum, genauer am Zeitbedarf und an der Reichweite. Wenn gültig bleiben soll, daß der Mensch das Maß aller Dinge ist, so ist die »Zeit« jener Zeitabschnitt, der für eine bestimmte Verrichtung mit der Hand gebraucht wird. Der Raum ist die Reichweite der Strecke oder der Fläche, die mühelos zu Fuß

Solange Hand und Fuß, Augenblick, Rufweite und Spannkraft, wenn auch in abstrahierter Form, als Tendenz in mancherlei Tätigkeit spürbar sind, bleiben unsere Eingriffe in die Umwelt maßstäblich.

zurückgelegt oder umschritten werden kann. Dabei ist der Schritt auch ein rhythmischer Zeittakt, und die Hand, bei zunehmender Geschicklichkeit, verkürzt den Lauf der Zeit. Solange Hand und Fuß, Augenblick, Rufweite und Spannkraft, wenn auch in abstrahierter Form, als Tendenz in mancherlei Tätigkeit spürbar sind, bleiben unsere Eingriffe in die Umwelt maßstäblich. Solange das menschliche Maß als Meßwert oder als Zeitangabe, zwar mittelbar und von der körperlichen Tätigkeit gelöst, aber doch im Tätigkeitsbereich spürbar ist, bleiben die Relationen faßbar und erweist sich die Verantwortung als tragbar. Die Ergebnisse des Tuns bleiben ermutigend, zumindest sind sie nicht abschreckend. So und nicht anders hat sich Kulturarbeit, primär am Boden, aber auch in der Kunst, in der Wissenschaft und in religiösen Bereichen stets vollzogen.

Entgleitet der menschliche Maßstab – und das kann leicht geschehen, wenn allein der kybernetischen Maschine die Antwort auf unser Fragen, die Auswahl aus einer die menschliche Vorstellungskraft übersteigenden Anzahl von Möglichkeiten überlassen wird –, so entgleitet uns auch der Boden unter den Füßen. Es mag Situationen geben, wo dies notwendig ist, beispielsweise, um auf den Mond zu gelangen. Aber mit dem Blick auf die Landschaft und auf unsere irdische, an die Fruchtbarkeit der Erde gebundene körperliche Existenz sollten wir besser nicht so verfahren.

Die Fruchtbarkeit der Erde darf unter gar keinen Umständen abnehmen. Die Weltbevölkerung wird noch für Jahrhunderte lebhaft wachsen. Obwohl auf der Erde mehr Menschen und diese jeweils länger leben werden als je zuvor, werden viel weniger Hände für die Arbeit am Boden zur Verfügung stehen. Dies ist ein Phänomen, das die schöpferischen und wissenschaftlichen Kräfte dort auf den Plan ruft, wo bisher die Geschicklichkeit der Hand und die Kraft des Leibes allein am Platz schienen. An die Stelle der Handarbeit tritt das Planen. Der Plan ist nichts anderes als das Übersetzen der realen Arbeit in der Landschaft auf einen anderen Maßstab. Für die Durchführung kann ohne Schaden an Land, Wasser, Tieren, Pflanzen und Luft die Maschine benutzt werden. Aber die Maschine denkt nicht. Das Ausmaß ihrer Tätigkeit muß vorbedacht sein. Der Griffbereich der Maschine ist schnell und weit, darum muß der Plan, nach welchem sie eingesetzt wird, umfassend sein. Das Wissen um alle Einzelheiten, die das Wesen der Landschaft und die Struktur unserer Umwelt bestimmen, ist die unerläßliche Voraussetzung für den Einsatz von Maschinen.

Diese Verantwortlichkeit ist nicht etwa auf den Einsatz von Landmaschinen beschränkt. Jede mechanisch-technisch-industrielle Unternehmung hat in konkreter oder in abstrakter, in direkter oder in übertragener Form eine Rückwirkung auf den Boden, auf dem wir stehen, und auf das Land, von dem wir leben.

Die Veränderungen, die wir in unserer Umwelt bemerken und von denen, soweit sie sich unmittelbar auf den Verbrauch der Landschaft beziehen, die gravierend-

sten in den vorhergehenden Kapiteln dieses Buches gekennzeichnet wurden, können nicht einfach auf die »Technik« abgeschoben werden.
Wir alle sind »Techniker«, weil wir technisch leben. Wir genießen Vorzüge und Bequemlichkeiten, die uns »die Technik« bietet. Wir benutzen technische Geräte und Fahrzeuge so selbstverständlich, wie wir unsere Gliedmaßen benutzen. Wir denken technisch, nämlich methodisch, materiell und materialgerecht. Wir drücken uns technisch aus, nämlich in Formeln – nicht in Symbolen. Fast alle technischen Ausdrücke sind international verständlich, darum benutzen wir sie auch in der Politik und für andere Zusammenhänge. Wir hören technisch und wir sehen technisch – das bedarf keines Kommentars. Wir essen technisch, nämlich Konserven, Tiefkühlkost und Südfrüchte, die aus anderen Klimaten über Tausende von Kilometern taufrisch herangebracht werden. Frühgemüse, Mühlenerzeugnisse, Backwaren und Getreideflocken können in unseren Breiten ohne die Technik nicht ausreichend produziert werden.

Angesichts der Überfülle technischer Möglichkeiten ist es schwer, die Vorgänge, die von uns veranlaßt werden, und die Folgen, die daraus entstehen, nicht nur quantitativ und additiv zu erfassen, sondern sie auf die Qualität des Erwirkten hin zu untersuchen und zu prüfen.

Jede Handlung hat mehr als eine Auswirkung, und das Wort »handeln« hat mehr als einen Sinn. Außer etwas ausführen, etwas tun, etwas berühren, meint es auch: etwas von einer Hand in die andere geben. Dabei gewinnt die Wichtigkeit der Händler an Wert über die Wahrheit des Verhandelten hinaus.

Händler sind an der Produktion nicht beteiligt. Verantwortung für das Urprodukt und das Endprodukt, für Wachstum und Unrat, für den Anfang und das Ende der Verkettungen, für das empfindliche Glied, an dem der Kreislauf des Lebendigen sich scheinbar schließt oder richtiger sich haargenau überschneidet, um in den nächsten Spiralbogen höherer Entwicklung einzumünden, ist von den Unterhändlern nicht zu erwarten. Dieser Satz enthält keine Anklage. Es schwingt in ihm kaum ein Bedauern mit. Die Feststellung will lediglich auf ein Problem hinweisen, das erkannt und an dessen Lösung so schnell wie möglich gearbeitet werden muß.

Noch lassen sich die Landschaftsräume vergrößern; das Ende aber ist schon abzusehen. Noch gibt es sehr viele kulturtechnische Möglichkeiten, am Bodenprofil zu arbeiten, durch Auftrag und Abtrag, durch Aufwölben und Eingraben die Flächenabmessungen tatsächlich zu vergrößern. Die Landmessung wickelt die Flächen immer auf einer gedachten Ebene ab. Jede Böschung, jede Schlucht ist ein Mehr an Fläche und ein echter Zuwachs, wenn er nutzbringend bebaut werden kann, ob mit Pflanzen oder mit Häusern oder Straßen ist dabei als raumraffender Gewinn unerheblich. Gestaffelte, künstlich belichtete und belüftete Räume im Berginnern und an vegetationsarmen Hängen sind genauso im

Bereich unserer technischen Mittel wie bepflanzte Dächer und hängende Gärten. Sie sind nicht weniger human als Slums mit drei Hinterhöfen, wie sie jede größere Stadt in allen zivilisierten Kontinenten aufweist.
Für beispielsweise jene Nubier, die wegen des Assuan-Stausees umziehen müssen, werden Siedlungen gebaut, die – wie gesagt wird – sie gegen »jeden fremden Einblick in ihr Familienleben schützen«. Dadurch wird – sicher mit gewissem Erfolg – verhindert, daß die Eingeborenen, wenn sie aus ihrer angestammten, landschaftlichen Umgebung gelöst werden, proletarisieren. Das trifft natürlich nicht nur auf die dunklen Rassen zu. Jede volkswirtschaftliche Sanierung, jeder große Schritt vom ortsgebundenen, landbebauenden Volk zu einer Gemeinschaft »freier« industrialisierter Stadtbewohner, wirft ohne Ansehen der Personen und der Sippenzusammengehörigkeit »Werktätige« vom Gebirge ans Meer, aus den Tälern auf die Pässe, von ariden Gebieten in sumpfige oder waldige. Das geschieht in der Türkei, auf Sizilien, in Argentinien, in China und an vielen anderen Stellen der Welt. Abgesehen von allem familiären Leid und abgesehen von der menschlichen Diskriminierung ist das Land, das landschaffende Moment, leidtragend und tödlich gefährdet.
Das expressive Bauen, wie es für die Afrikaner als wünschenswert erkannt ist und das die vorgebildete menschliche Lebensform ausdrücken soll, hat in Mitteleuropa, nachdem eine einheitliche ausdrückbare Lebensform mit dem Schwinden des bäuerlichen Standes den Rückzug angetreten hat, bis heute noch keine Allgemeingültigkeit wiedergewonnen. Die Häuser der Bauern und Bürger entsprachen als Typen genau den darin ausgeübten Tätigkeiten. Sie beherbergten den Familien- und den Erwerbsbereich, die als Ganzes, ungeteilt und untrennbar, in Funktion traten. Ihre Bauweise war »landschaftsgebunden«, denn die im Lande vorgefundenen Materialien wurden zum Hausbau und zum Aufbau der Existenz verwendet. Die Verarbeitung erfolgte mit der Hand, und der Ausstrahlungsbereich eines jeden Hauses in die Landschaft hinein reichte so weit, wie Land mit der Kraft des Armes und der ihn verlängernden Geräte bearbeitet werden konnte, oder so weit, wie für das Handwerk Rohstoffe herangebracht und Gefertigtes ausgeliefert wurde.
Schlösser und Klöster haben immer eine Sonderstellung in der Landschaft eingenommen hinsichtlich ihrer Funktion, hinsichtlich ihres Landbedarfs, aber auch hinsichtlich ihres kulturell und ästhetisch dauerhaft formenden Einflusses auf ein weit größeres Gebiet, als wirtschaftlich dazugehört haben mag. Diese Einflußnahme ist bis heute erkennbar, zumindest noch nachweisbar. Die Hinterlassenschaften einer annähernd tausend Jahre dauernden Epoche (etwa 800 bis 1800), die vor rund 150 Jahren ausklang: die Alleen, die Wildparke, die Lustgärten sind in ihrem vegetativen Bestand mehr oder minder überaltert, zum Vergehen verurteilt. Maschinen räumen um anderer Maschinen willen kurzfristig

Viele Gelegenheiten der Teilnahme am schöpferischen Vorgang des Erfindens, des Aufbauens und des Erhaltens sind unerkannt verpaßt — zum Schaden der Landschaft, die nun unwiederbringlich verbraucht ist.

und gründlich ab, was mit der Hand gepflanzt und durch lange Folgen von Geschlechtern gepflegt, in Fasson gehalten und auch erneuert wurde. Keine internationalen Gremien weisen mit wissenschaftlicher Akribie nach, daß landschaftliche Baukunst gerade wegen ihrer Variabilität und Wandelbarkeit sehr kostbar ist. Wahrscheinlich ist gar nicht hinreichend bekannt, daß Landschaften keine *Kunstprodukte* sind, sondern *Kunstwerke* – Baudenkmälern, Skulpturen und Bildern im Werte gleich. Ein Park, eine Allee, ein Baumgarten braucht hundert Jahre und mehr, um sich voll zu entfalten und auf den Raum bestimmend einzuwirken, der ihm vom Schöpfer zugedacht war. Die Lebenszeit eines solchen Kunstwerks kann durch gärtnerische Kunst über weitere Jahrhunderte immer wieder verjüngt, also original und nicht museal lebendig erhalten werden. Diese Wachstumszeit allein ist kostbares Gut – wenn nämlich Zeit mit Geld zu messen ist. Bei der Auflösung von Landschaften zu Nutzungsflächen werden tatsächliche Werte vergeudet, die mit Geld nie wieder eingebracht werden können.

Unser heutiges durchschnittliches Bauen regt weder zum Lebensmut noch zur Lebensfreude an, und selten wird es dem gerecht, was für die Afrikaner angestrebt wird, nämlich der Lebensart des Mitteleuropäers im 20. Jahrhundert in allen ausgeprägten und differenzierten Spielarten. Häuser, die den Funktionen des Lebens dienen sollen, aber in sterbende Landschaften hineingestellt werden, können freilich keine freudigen und ermutigenden Reaktionen hervorrufen. Wo immer gebaut wird, »stirbt« zunächst die Landschaft – darüber kann uns auch die neue Welle der mobilen Konfektion an Fertighäusern nicht täuschen, die sich mit der Brandung der anderen Einfamilienhäuser vereinigt, die aus jedem Dorf und jedem Städtchen und jeder Stadt herausquellen, die die Landschaft morden und doch keinen Schutz für die Entwicklung ungestörten Familienlebens bieten. Schon ehe von »Jedermann« in die Privatsphäre hineingehorcht werden konnte, wurden Wäscheleine, Liegestuhl, Kinderwagen, Eßtisch und vor allem das Auto allen Blicken mit Selbstbewußtsein preisgegeben. Mit »Do-it-yourself«-Gärtchen, mögen sie im einzelnen der Stolz ihrer Besitzer sein, werden sorglose, unsorgfältige, ahnungslose, böswillige und ganz einfach schlechte und falsche, ungekonnte Ortsplanungen und Ortserweiterungen nicht ausgeglichen.

Wo in einer Landschaft, beispielsweise im Tessin, an den oberitalienischen Seen, an der Costa brava, der Landwirtschaft die Rentabilität endgültig abgesprochen werden muß, wird sie den Sonnenanbetern aus dem grauen Norden zum Bebauen angeboten. Da klettern dann schneeweiße, kostbare und schicke Bungalows die Berge hinauf und stehen zunächst romantisch auf alten Weinterrassen und in Obstgärten. Spätestens nach einigen Jahren stellt sich das Unbehagen ein: Trostlosigkeit angesichts der zerbröckelnden Kulturen, die von der Wildnis – die eigentlich keine Wildnis, sondern eine Sozialbrache ist – angefressen und überwuchert werden. Weder Anfang noch Ende, weder Ursprung noch Ziel sind von den Händlern und den Handelnden in Betracht gezogen worden. Viele Gelegenheiten der Teilnahme am schöpferischen Vorgang des Erfindens, des Aufbauens und des Erhaltens sind unerkannt verpaßt – zum Schaden der Landschaft, die nun unwiederbringlich verbraucht ist.

Die Flächenreserven und die Energiequellen reichen für das Fünffache der heutigen Bevölkerung auf sehr, sehr lange Zeit aus, allerdings nicht so, wie wir heute damit umgehen. Für die Intensivierung des Anbaues und der Anbauflächen, für die Erschließung neuer Nutzungsmethoden, die nicht einfach immer weitere Flächen im additiven Verfahren der wachsenden Ansprüche in Anspruch nehmen, gibt es ja immerhin schon Vorbilder.

In China und Japan ernähren sich je zwölf Personen mit Vieh von 1 Hektar Landwirtschaft. In Mitteleuropa ernähren 16 Hektar Landwirtschaft vier Personen mit entsprechendem Viehbesatz. Wie ist das möglich?

Die Fruchtbarkeit des ostasiatischen Bodens wird seit Tausenden von Jahren durch eine uralt überlieferte, tiefreligiöse, fanatisch betriebene Humus- und Kompostwirtschaft erhalten. Mit den Händen werden alle, auch die geringsten Pflanzenreste und Abfälle aufgesammelt und zusammengetragen. Nach dem Regen etwa abgespülter Schlamm wird in Körben zum Kompostplatz zurückgetragen. Auf konstante Feuchtigkeit, auf permanente, gleichbleibende Temperaturen wird hier Bedacht genommen. Mit der Hand wird die Humussubstanz zerkrümelt. Mit Handgeräten wird so schonend wie möglich die Komposterde durchlüftet. Bei so viel Sorgfalt und mit so viel Zeitaufwand für das restlose Vergaren ist sogar das Mitverwerten von menschlichen Fäkalien vertretbar. Auf den kleinen Feldern wird ausschließlich mit Mischkulturen gearbeitet, und zwar mit Mischkulturen in verschiedenen Wachstumsstadien. Sie fördern sich gegenseitig. Auch wird, um die effektive Fläche zu vergrößern, auf dem Kamm der hochgepflügten Furche eine Kultur gepflanzt und zwischen die Furchen eine andere. Dem kommt die europäische Art des intensiven Gartenbaues sehr nahe.

Die Umwandlung der Agrarlandschaften zu Gartenlandschaften kann den Landschaftsverbrauch, der von dem Verbrauch der Bodenfruchtbarkeit seinen Ausgang nimmt, immerhin steuern. Es kann mit dem gleichen Aufwand an Betriebsamkeit und Geld Landschaft verbraucht oder die Mannigfaltigkeit der Anbauflächen und der Anbauarten gesteigert werden. Es kommt nur darauf an, ob die Handelnden Anfang und Ausgang im Bewußtsein tragen – oder nicht.

Es zeigt sich, daß die gärtnernden Laien allenthalben und in gewisser Weise bewußt sich vom Landschaftsverbrauch zu distanzieren versuchen. Auch bemühen sie sich, von der toxischen Gesamtsituation, in die unsere europäischen Vegetationswirtschaften hineingeraten sind, abzurücken. Sie wehren sich gegen den übermäßigen Gebrauch von Medikamenten, gegen Konservierungsmittel, gegen

Die Flächenreserven und die Energiequellen reichen für das Fünffache der heutigen Bevölkerung auf sehr, sehr lange Zeit aus, allerdings nicht so, wie wir heute damit umgehen.

künstliche Dünger, kurz gegen die vollkommene Chemisierung der Umwelt. Sie wehren sich mit Händen und Füßen. Sie betrachten die körperliche Arbeit im Garten, Bewegung und Atmung als ihre Medizin. Sie erzeugen ihren eignen Überfluß an Obst und Gemüse und sterilisieren in der eignen Küche den Wintervorrat. Sie treiben sorgfältige Kompostwirtschaft und pflanzen Mischkulturen, um weitgehend im eignen Kreislauf die Fruchtbarkeit ihres Landes zu erhalten und zu mehren. Sie lassen ihr Gießwasser von der Sonne bestrahlen und erwärmen, anstatt geklärtes, gechlortes Wasser aus der Leitung zu entnehmen. Sie tragen kannenweise das Naß zu den Wurzeln, vernünftig handelnd, wo es tatsächlich zu sparen gilt, und sprühen nicht während vieler Stunden tagsüber. Sie hüten das Leben der Hautflügler, mit deren Existenz die Fruchtbarkeit der Kulturen in engster Beziehung steht, ja, sie lassen Mücken und Larven in Tümpeln das Leben, weil auch sie zum Haushalt der Natur gehören, der im Garten eine Art Refugium hat. Der Garten ist der Ort der Freiheit, in dem wenigstens an einer Stelle das System der »Händler«, dem wir ausgeliefert sind, unwirksam gemacht werden kann.

Ein fruchtbarer Garten kann Lebensmut und Lebensfreude erhöhen. Allerdings kostet auch dies seinen Preis: nämlich viele Stunden Handarbeit, viele Schritte, ein oftmals gebückter Rücken, viele Stunden Obst- und Gemüseverwertung, ein häufig gebundener Küchenzettel bei einem nur sehr behutsamen Einsatz von »Technik«. Ohne diese Einsicht und ohne diese Bereitschaft ist jeder weitere Garten ein weiterer Landschaftsverbauch!

Einen fruchtbaren Garten sein eigen zu nennen, ist – ohne Frage – meist das Ergebnis intensiver Freizeitbeschäftigung. Ein Hobby, gleich welcher Art, bleibt aber nur solange ein Hobby, wie mit seiner Ausübung kein Zwang verbunden ist. Das Einhalten von terminlichen Bindungen, das Zurücklegen weiter Wege, Verabredungen, Vorbereitungen, Training und Wetterabhängigkeiten lassen nur zu oft die Hobbys, für deren Ausübung das Berufsleben im allgemeinen immer mehr Zeit läßt, zu Belastungen werden, die eigentlich einem zweiten und dritten Beruf entsprechen. Der Garten übt vielerlei Zwang aus...

Bauern und Förster, denen bis zum Anfang des Jahrhunderts im großen und ganzen die Pflege der Landschaft oblag, waren keine im heutigen Sinne ausgebildeten Landschafter oder Landbautechniker. Sie waren in bezug auf den Landschaftsbau ebenso Dilettanten, wie die ihr Fleckchen bestellenden Gartenliebhaber Laien sind. Der Landflucht der Bauern wirkt eine eigentümliche Landsucht der Städter entgegen. Wie immer sind es Laien, die mit ihrer Initiative und in ihrer freien Zeit und aus freien Stücken Toleranzen im Sozialgefüge aufspüren, an denen sie sich spielerisch oder sinnvoll versuchen konnten. Eifel, Vogelsberg, Rhön und bestimmte Teile von Bayern weisen landschaftlich unverbrauchte, aber landwirtschaftlich benachteiligte Gebiete auf, die durch den

Eifer von Menschen, die im reichlichen Besitze von Freizeit sind, unerwartete Sanierung erfahren.
Trotzdem ist das ungelenkte Überlassen von Land für Wochenend- und Freizeitsiedlungen Landschaftsverbrauch par excellence. Die Unternehmungslust der »Siedler« kann an keinerlei Tradition mehr anknüpfen. Stand und Würde des Landmannes liefen sich im naturwissenschaftlichen, im technischen Zeitalter und am quantitativen Denken tot. Neues Landleben kann sich erst am gegenwärtigen Zustand formen, der jedenfalls das Wuchern auf breiter Ebene einfach verbietet. Es gerät leicht in Vergessenheit, daß die »gute, alte Zeit« in strengen Konventionen gebunden war, wovon die Flurordnung eine derjenigen war, die unnachsichtig über den Bestand der Felder, Wälder und Wiesen wachte.
Die Flurbereinigungsbestrebungen zielen unter anderem heute dahin, nichtkonkurrenzfähige Kleinbetriebe zusammenzulegen, sie zu einem lebensfähigen Betrieb aufzustocken. Dadurch soll auch verhindert werden, daß Kleinbauernstellen, die meist ohnehin nur noch als Nebenerwerb betrieben werden, von der Erholungsparzellierung erfaßt und verbraucht werden. Die Erholungswirtschaft nimmt beängstigende Formen an. In Bayern ist sie ganz besonders im Vorrücken. Ganze große Landschaftsteile, besonders in der Nähe der Seen, verändern von Tag zu Tag sichtbar ihren agrarstrukturellen Charakter. Seit die Handelnden vom Ursprung nicht mehr viel wissen und vom Ausgang nichts wissen wollen, behandeln sie Land als Ware. Es wird von Hand zu Hand gereicht.
Der Landwirt pflegt das Land – wie auch immer er es bewirtschaftet – zum Nutzen der Landschaft. Der Verkehrsverein pflegt Landschaft zum Nutzen der Nutznießer – und das ist ein großer Unterschied.
Bestimmt ist es nicht unbillig, zu erwarten, daß, sowie der Städter an den Erzeugnissen des Landes teilhat – die großen Wohn-Arbeits-Konglomerationen zur Erhaltung und Pflege der Landschaften ihren Anteil beitragen. Aber es ist natürlich ein Irrtum, anzunehmen, daß der wirtschaftlich stützende Sommerfrischenbetrieb bisher irgendwo mehr für die Landschaft und ihre Pflege beibringt, als der Sommergast im gleichen Zuge durch seine unverständige und unachtsame Gegenwart an Landschaft tatsächlich verbraucht, zertrampelt, zerfährt und verschmutzt.
Gerade weil der Trend der Erholungsuchenden zu den kleinen, ruhigen, abgelegenen Orten geht, die weder Luftkurorte noch Heilbäder sind, besteht dort erhöhte Gefahr für den landschaftlichen Bestand und die biologische Ausgeglichenheit der Wasser-Erde-Pflanze-Tier-Einheit.
Schön gelegene Dörfer in mittlerer Höhe in Wald- und womöglich Wassernähe haben die Chance zu ernten, was die Luftkurorte aufgebaut haben, nämlich die Rendite des Fremdenverkehrs. Sie erwerben dazu aber die Unordnung und den Lärm, auf den sie nicht vorbereitet waren.

Der Landschaftsverbrauch greift um sich und greift tiefer in den Reichtum naturgegebener Glücksgüter, als die allerorts herumliegenden Abfälle, die Lagerstellen, die zertretenen Lichtungen, die zerfahrenen Schilfgürtel und Baumgärten vermuten lassen. Schon ein zeitweises und saisonbedingtes Anwachsen der Einwohner eines Dorfes auf das Doppelte oder gar Dreifache zieht hygienische Mißstände nach sich, zieht den Händlerverkehr auf unausgebauten Straßen auf sich und wirft Schatten auf den geregelten Ablauf des ländlichen Wirtschaftslebens. Das labile landschaftliche Gefüge kommt in Gefahr und wird verbraucht. In einer kranken Landschaft aber findet schließlich niemand mehr Gesundheit, sondern viele finden nur Ärger.

Der störungsfreie Ablauf ungezwungener Ferienzeiten kann in unseren Landschaften nur mit Hilfe unauffälliger, aber wohldurchdachter Planungen garantiert werden. Daß weithin sichtbare Schilder mitteilen, das nächste WC sei in 18 km Entfernung zu finden, und die androhen, daß das Fortwerfen von Bananenschalen 25 Dollar kostet, wenn man (in den USA) dabei ertappt werden sollte, daß Bänke in munteren Farben am Spazierweg aufgestellt sind und »Eis am Stiel« selbst in der Wüste angeboten werden kann – um nur einige der üblichen Vorkehrungen zu nennen –, erschöpft die Möglichkeiten, die Landschaft v o r dem Eintreffen der Feriengäste bereits zu verbrauchen, noch bei weitem nicht.

Alle Landschaften, wie wir sie heute auf unserem Kontinent kennen, sind in gewissem Sinne geplant. Sie sind nach bestimmten Regeln – Bauernregeln – im permanenten Umtrieb mit den Händen oder mit von Händen geführten Werkzeugen in die Form gebracht worden, die der jeweiligen Nutzungsbestimmung gemäß war. Sie waren ebenso »typisch«, wie die feste Bebauung typisiert war. Die Fluren, die Gemarkungen, die Jagen, die Wingerte älterer Wirtschaftsgebiete sind noch zu erkennen, z. T. noch im Gebrauch. Wenn wir heute bemerken, daß unseren Landschaften eine andere Pflege gemäß wäre, als wir sie ihnen angedeihen lassen, weil wir ihnen ja mehr und ganz anders geartete »Erträge« abfordern, ist es gegen jede Regel, daß nicht danach gehandelt wird.

Niemand wird versuchen, mit einem chemischen Laboratorium in einen Kuhstall einzuziehen, den eben das Vieh verlassen hat. Keine Kleiderfabrik fabriziert modische Artikel beim Schein von Petroleumlampen in kleinfenstrigen Fischerkaten – und wer in seiner Scheune Autos reparieren will, ist gezwungen, sie erheblich umzubauen und sie brandsicher zu verwahren.

Der »Umbau des Natürlichen« begann in dem Augenblick, als der Mensch »das Feld« betrat und es durch seine Impulse »beunruhigte«. Der Umbau der forstlich betonten, agrarstrukturellen Landschaft zu zeitgemäßerer Struktur beginnt sich eben abzuzeichnen. Die neue Struktur trägt in hohem Maße Wohlfahrtscharakter. Diese Entwicklung birgt aber die gleichen Fragwürdigkeiten in sich wie das Ver-

Das Janusgesicht der Fachplanung, »vorteilhaft rücksichtsvoll sein zu wollen«, grenzt häufig an Pharisäertum und führt auf kurzem, sicher auch oft mit guten Vorsätzen gepflastertem Weg — direkt in den Landschaftsverbrauch hinein.

sorgungsstaatswesen. Die Landschaft trägt und ernährt uns nicht, wenn wir nicht mit Fleiß zurückliefern, was wir an Werten ihr entnahmen. Die Landschaft ist keine Fiktion – sie ist die Wirklichkeit selbst. Keine frisierte Bilanz darf uns darüber täuschen, daß wir in unverantwortlicher Weise lebende, unersetzbare Substanz an jedem Tag und zu jeder Stunde verbrauchen.
Allerdings braucht es noch anderes als lediglich Fleiß und Ordnungsstreben, um heute an diesem komplexen Gebilde, das wir Landschaft nennen und das so vielen auseinanderstrebenden Interessen gerecht werden soll, Planung anzusetzen. Es bedarf besonderer Bildung und weitreichender Ausbildung. Bodenkunde, Physik, Chemie, Meteorologie und das Vermessungswesen kreisen mit Geologie, Geographie, Soziologie und den die Hygiene berührenden Disziplinen neben Baukonstruktion und Ortsplanung die *Vegetationswissenschaften* als den Kern der Wissensgebiete ein. Kenntnisse in Geschichte, Staatswissenschaft, Volkswirtschaft, Pädagogik, Politik und Rhetorik sind notwendig, um die strukturellen Grundlagen und Zusammenhänge erst einmal zu erfassen und um die Planungen den Mitmenschen zu erläutern.
Auf das Gespür des unabdingbar dem Kreislauf des Natürlichen verbundenen Landmannes alter Prägung kann sich der Planer nicht verlassen, der über den Zustand von »Regionen« aussagen und auf ihre zukünftige Entwicklung vom Landschaftsaufbau her einwirken will. Mehr als Entwicklungstendenzen herauszustellen und sie entweder zu fördern oder einzudämmen, kann eine Planung ohnehin kaum. Den universellen Plan und die Patentlösung gibt es nicht. Die Entwicklung ist ja das Leben selbst, und die Zukunft ist auch dem gründlichsten Planer nach wie vor verborgen. Daraus folgert, daß unentwegt geplant werden muß, ebenso wie die Hände unermüdlich tätig sein müssen, soll das Leben weitergehen. Die Kompetenzen des Planers freilich sollten funktionell und rechtlich und vor allem ethisch im *Grundgesetz* verankert sein. Es geht bei dem Verbrauch der Landschaft, dem wir glauben mit sorgsamer Planung begegnen zu können, ja auch um den Verschleiß von Menschenwürde und Menschenrecht.
Bis in den derzeitigen Zustand, der für uns und unsere Landschaft so bedrohlich erscheint, haben wir uns selbst »planvoll« hingesteuert. Fachplanungen aller Art: Agrarplanung, Wasserbauplanung, Industrieplanung, Bergabbauplanung, Siedlungsplanung, Landesplanung, Verkehrsplanung, Bodenreform, Raumordnung, Flächennutzungspläne – um nur einige aufzuzählen –, sind Fachplanungen, Teilplanungen, die nichts anderes im Schilde führen, als bestimmte Interessen zu vertreten. Zwangsläufig überschneiden und überkreuzen sich ihre Bestrebungen. Kooperation und übergeordnete Zusammenschau sind selten in ihnen enthalten. »Wes Brot ich ess' – des Lied ich sing'«. Wer von einer Industriegruppe, von einer Siedlungsgesellschaft oder von irgendeinem anderen Interessenverband gedungen ist, untersucht selbstverständlich zuerst die Möglichkeiten, wo und wie

die Auftraggeber doch noch an einer Stelle den Fuß auf den Boden kriegen können. Die Vorschläge fallen dementsprechend aus. Jede Fachplanung vertritt der Allgemeinheit gegenüber ihre Vorschläge dann so, daß die Auswirkungen auf das Landschaftsgefüge sanktioniert erscheinen und das Programm auf jeden Fall den Bauherrn befriedigt. Das Janusgesicht der Fachplanung, »vorteilhaft rücksichtsvoll sein zu wollen«, grenzt häufig an Pharisäertum und führt auf kurzem, sicher auch oft mit guten Vorsätzen gepflastertem Weg – direkt in den Landschaftsverbrauch hinein.

Die Zeiten des rechtsgültigen Handschlages beim Abschluß eines Geschäftes sind vorbei. Land kaufen und Land verkaufen ist dennoch nicht schwer. Jeder kann es, und vor allem: jeder darf es. Es gibt keine Gesetze, die das Land als Ware dem Zugriff der Spekulation entziehen. Wann wird das Verhandeln von Land – lediglich, um es zu verbrauchen – strafbar sein?

Solange Kapitalertragssteuern höher sind als Grunderwerbsteuern und Vermögenswerte aus fiktiven Aktienkapitalien steuerlich höher angesetzt werden als Grundsteuern und Hauszinssteuern, wird jeder Sparer gierig nach Grund und Boden greifen, um »gut wegzukommen« und außerdem einen sichtbaren und bleibenden Wert zu besitzen. Die Verknappung von Bauland treibt zwar die Preise hoch – aber nicht den Wert. Entwertet und verbraucht ist Landschaft dort, wo parzelliert wird. Wer's nicht glaubt, mag hingehen und selbst sehen.

Dem Stand der heutigen Erkenntnis nach scheint die Verdichtung der bestehenden Siedlungskerne, die Sanierung der älteren Bauteile, der zentrierende Ausbau der Dörfer und Kleinstädte auf zeitgemäße Wohnfunktionen und Wohnansprüche hin – scheinen alle Maßnahmen die »Rettung« zu sein, die das weitere Auswuchern von Werkstätten, Fabriken und Wohnsiedlungen aus dem Baubereich in die landschaftlichen Vegetationsgebiete hinein verhindern.

Die Vorstellung, daß man nur auf der Erde, nahe dem Boden, gesund leben könne, ist seit langem überholt. Lärm, Staub, Dunst und Abgase erreichen den, der hoch und luftig wohnt, weit weniger. Auch daß die Gütertransporte und die Fabrikation vieler Gegenstände unbedingt in der Landschaft stattfinden müssen, beruht auf alten Gewohnheiten. Rindviechern hat man das Treppensteigen nicht und Schafen das Fahrstuhlfahren nur schwer beibringen können – aber eingebaute Förderstraßen bringen Intelligenzler, Werkstücke, Schulkinder und Lebensmittel in kurzer Zeit so schnell – so hoch – so weit wie nie zuvor. »Die Technik« werden wir nie wieder los. Machen wir sie uns zu Diensten, wo immer möglich. Die Landschaften sind wir bald los, wenn wir fortfahren, sie zu allen niederen Diensten zu mißbrauchen.

Gegen den Mißbrauch der Landschaft gibt es formaljuristisch keine Handhabe. Wer aber für die Wertminderung, die er verursacht, bezahlen muß, auch dann, wenn er sie auf seinem eigenen Areal veranlaßt, wird sich seine Handlungen

besser überlegen. Wer aber noch, ehe er wertmindernd gegen die Landschaft tätlich wird, Aufbauwerte in Form von Planung und Geld hinterlegt haben muß, braucht nicht herangezogen zu werden – er ist bereits verhaftet.
Das Gesetz, das den *Landschaftsaufbau vor dem Landschaftsabbau* regelt, ist noch nicht geschaffen.
Aber wir haben ein Bundesbaugesetz, und wir haben ein Flächennutzungsgesetz, und wir haben ein Flurbereinigungsgesetz, und ein Raumordnungsgesetz ist in Vorbereitung. Sie alle gehen am Kern der Sache vorbei. Sie ordnen, organisieren, berechnen Flächen und Räume, als bestünden Flächen und Räume wirklich nur aus Millimeterpapier und aus Tabellen. Sie verteilen klüglich die Risiken zwischen Stadt und Land und richten das Überleben ein, bis alles verloren sein wird, was uns freut. Wenn wir die Landschaft verbrauchen, haben wir nichts mehr zu lachen.
Die Menschheit braucht nicht immer neue Flächen, um sich zu erholen. Aber die Landschaft braucht Zeit, um sich von uns zu erholen. Die Landschaften tragen die Regenerationskräfte und das biologische Gleichgewicht in sich. Wenn wir mit Verstand den Aufbau der Böden, die Reinigungskraft der Gewässer und die Qualität der Vegetationen verbessern, tun wir das Wesentliche für die Sicherheit unseres Fortbestehens. Mit dem Übergriff auf weitere Landschaftsgebiete wird der schwindenden Fruchtbarkeit unter unseren Füßen nicht aufgeholfen.
Immer mehr Menschen in eingeschränkter Bewegungsfreiheit sittlich und sauber beieinanderzuhalten, ist ein Problem, das durch Gewaltanwendung oder periodischen Ausbruch in ferne Länder nicht zu lösen ist.
Die Hand ist ausgestreckt:
Erobern oder erhalten?
Waffe oder Werkzeug?
Sie greife d e n P l a n auf . . .

Literatur

Tag für Tag berichten die Zeitungen und Zeitschriften über Schäden in den Landschaften, über Schäden, die von Menschen verursacht sind. Wir wissen aber, daß der weitaus größere Teil dieser Nachrichten bewußt oder unbewußt verschwiegen wird. Wir wissen, daß Mitteilungen gelenkt werden, oder – da zu wenige um die wahren Zusammenhänge wissen – sie in unrichtiger oder in verstümmelter Form an die Öffentlichkeit gelangen.
Diese Buch soll alle, die sich um sachliche Berichterstattung bemühen, ermutigen, in Zukunft noch sorgfältiger zu beobachten, noch gewissenhafter zu dokumentieren, was in der Landschaft vor sich geht. Nur wenn wir alle im Besitz gründlicher Kenntnise vom vollen Umfang jener menschlichen Tätigkeiten sind, die sich wertmindernd in der Landschaft auswirkten und auswirken, können wir verhindern, daß uns im wahren Sinne des Wortes »der Boden unter den Füßen« verschwindet.
Wer seine Kenntnisse vertiefen will, sei auf folgende Bücher verwiesen:
Carson, R. L.: Der stumme Frühling. Biederstein, München 1962
Bothmer, Otto Graf von: Das Fenster, Sonderdruck der »Wasserwirtschaft« Franckh'sche Verlagshandlung, Stuttgart 1955
Dreidax, F.: Das Bauen im Lebendigen, Demeter-Schriftenreihe Bd. 1
Gilsenbach, R.: Die Erde dürstet. Urania-Verlag, Leipzig-Jena-Berlin 1961
Görlitz, F., und Wittgens, H.: Verunreinigungen der Luft durch Eisenbahn und Schiffahrt, Sonderdruck Deutscher Kommunalverlag GmbH, Düsseldorf 1960
Grahmann, R.: Die Grundwasser in der Bundesrepublik Deutschland und ihre Nutzung. Forschungen zur Landeskunde Bd. 104. Selbstverlag der Bundesanstalt für Landeskunde, Remagen 1958
»Grüne Charta von der Mainau« Herausgegeben von der Deutschen Gartenbau-Gesellschaft, Bad Godesberg 1957
Heuson, R.: Bodenkultur der Zukunft, Siebeneichen-Verlag, Berlin 1947
Hyams, E.: Der Mensch ein Parasit der Erde? Eugen Diederichs, Düsseldorf-Köln 1956

Hornstein, F. v.: Mensch-Natur, Otto Maier, Ravensburg 1957
Kumpf, W., Maas, K., Straub, H.: Müll- und Abfallbeseitigung, Erich Schmidt Verlag 1964
Mattern, H.: Die Wohnlandschaft, Verlag Gerd Hatje, Stuttgart 1950
–: Gärten und Gartenlandschaften, Verlag Gerd Hatje, Stuttgart 1960
Metternich, A.: Die Wüste droht, Trüjen-Verlag, Bremen 1949
Meinhardt, E.: Völker im Wasser- und Klimakrieg gegen Bodenschäden, Dürre und Wüste, Bonndruck-Verlag, Siegen 1953
Pfeiffer, E.: Gesunde und kranke Landschaft, Metzner Verlag, Berlin 1942
–: Die Fruchtbarkeit der Erde, ihre Erhaltung und Erneuerung, Rudolf Geering, Dornach 1956
–: Anleitung für die Kompostfabrikation aus städtischen und industriellen Abfällen, Rud. Gustav Furier, Stuttgart 1957
Press, H.: Taschenbuch der Wasserwirtschaft, Verlag Wasser und Boden, Hamburg 1958
–: Kulturlanderhaltung und Kulturlandgewinnung, Paul Parey, Hamburg 1959
Schwenkel, H.: Grundzüge der Landschaftspflege, Neumann-Neudamm, Melsungen 1955
Schurhamer, H.: Straße und Landschaft, Kirschbaum-Verlag, 1955
Seifert, A.: Im Zeitalter des Lebendigen, Müllersche Verlagsbuchhandlung, 1941
Thienemann, A.: Die Binnengewässer in Natur und Kultur. Verständliche Wissenschaft, Springer Verlag, Berlin-Heidelberg 1955
Weber, W.: Das Recht des Landschaftsschutzes, Neumann-Neudamm, Leipzig 1938
Wiepking-Jürgensmann, H.: Landschaftsfibel, Deutsche Landbuchhandlung, 1942
Wasserbau und Wasserwirtschaft in Bayern. C. H. Harbeke-Verlag, München 1962

Aus den nachstehenden Fachblättern und Schriftenreihen sind besondere Angaben, Zahlen und Daten in dieses Buch eingearbeitet worden. Die am Schluß aufgeführten Zeitungen und Illustrierten wurden auf allgemeine Betrachtungen und auf Augenzeugenberichte, wegen Tagungsprotokollen und um der Vorschläge willen, die in ihnen möglicherweise zur Abhilfe gegen Schäden in den Landschaften gemacht wurden, regelmäßig jahrelang durchgesehen.

ADAC-Motorwelt, Herausgeber Allgemeiner Deutscher Automobil Club München
Amerika-Dienst, Wirtschaft und Arbeit
A.I.D.-Schriftenreihe, Land- und Hauswirtschaftlicher Auskunfts- und Informationsdienst. Herausgegeben vom Bundesministerium für Ernährung, Landwirtschaft und Forsten. Selbstverlag. Bad Godesberg

Archiv für Hygiene und Bakteriologie, Urban und Schwarzenberg, München
Bauen und Wohnen, Verlag Bauen und Wohnen, München
Bauwelt, Ullstein Fachverlag, Berlin
Beiträge zur Gewässerforschung, Bulletin des Presse- und Informationsdienstes der Bundesregierung
Das Leben, Zeitschrift für Biologie und Lebensschutz. Herausgeber Herbert Bruns, Biologie-Verlag, Hamburg
Das Gartenamt, Hannover-Saarstedt-Berlin
Der Architekt, Vulkanverlag, Dr. W. Classen, Essen
Der öffentliche Gesundheitsdienst, Georg Thieme-Verlag, Stuttgart
Die deutsche Baumschule, Herausgeber und Verlag Dr. Rudolf Georgi, Aachen
Die neue Landschaft, Bernhard Patzer-Verlag, Hannover
Die Kommenden, Herausgeber F. Herbert Hillringhaus. Verlag die Kommenden G.m.b.H., Freiburg/Br.
Dokumentation über den Landschaftsverbrauch, Institut für Gartenkunst und Landschaftsgestaltung an der Technischen Universität Berlin (Dipl. hort. Peter Wieland)
Erdöl und Kohle, Erdgas und Petrochemie, Industrie-Verlag Herrenhausen K.G. Hamburg
Fredeburger Schriftenreihe
Garten und Landschaft, Georg Callwey, München
Hilfe durch Grün, Schriftenreihe herausgegeben von der Arbeitsgemeinschaft für Garten- und Landschaftskultur im Zentralverband des deutschen Gartenbaues, Bonn. Verlag Stichnote, Darmstadt
Hygiene und Sanitätswesen, Moskau 1960/3 und 4 und 5
Kosmos-Orion, Franckh'sche Verlagshandlung, Stuttgart
Innere Kolonisation, herausgegeben von der Gesellschaft zur Förderung der Inneren Kolonisation e. V. Bonn. Landschriften-Verlag, Bonn
Journal of the American Air Pollution Control Assoc. 1960/I, Washington
Journal New-England Water Works Assoc. 74 1960/1
Landschaftspflege und Landschaftsgestaltung, Umschaudienst der Akademie für Raumforschung Hannover
Mitteilungen der Deutschen Landwirtschaftsgesellschaft, DLG-Verlag, Frankfurt/M.
Mitteilungen des Vereins für Wasser-, Boden- und Lufthygiene, Berlin-Dahlem, Gustav-Fischer Verlag, Stuttgart
Mitteilungen Technische Überwachung, Herausgeber Verein Deutscher Ingenieure, V.D.I.-Verlag, Düsseldorf
Mitteilungen zur Landschaftspflege, Landschaftsbiologie, Landschaftserhaltung, Landschaftsplanung, Herausgeber Bundesanstalt für Vegetationskunde, Natur-

schutz und Landschaftspflege, Bad Godesberg, Helios-Diemer Verlag K.G., Mainz
Natur und Heimat, Naturschutz und Heimatkunde, Münster/Westfalen
Tatsachen und Meinungen zur Raumordnung, Veröffentlichungen des Bundesministeriums für Wohnungswesen, Städtebau und Raumordnung, Bad Godesberg
The Journal of Royal Institute of Public Health and Hygiene 1960/6, London
Unesco-Kurier, Unesco-Kommission, Köln
Unser Wald, Zeitschrift der Schutzgemeinschaft Deutscher Wald e. V., W. Limpert-Zeitschriften-Verlag G.m.b.H., Frankfurt/Main
U.S.-Department of Health, Education and Welfare, Washington D.C. Protocol 12th Industr. Waste Conference, Purdue university, Lafayette. Ind. 1957
Engineering-Bulletin 42/1958/3
VDG-Mitteilungen, Schriftenreihe der Vereinigung Deutscher Gewässerschutz e.V., Bad Godesberg
Wasser, Luft, Betrieb, Krauskopf-Verlag, Mainz
Wasserwirtschaft - Wassertechnik, Verlag für Bauwesen (DDR), Berlin
Wasser und Boden, Axel Lindow u. Co., Hamburg-Blankenese
Wasserwirtschaft, Franckh'sche Verlagshandlung, Stuttgart
Wasserversorgung und Abwassertechnik, Verlag Udo Pfriemer, München
Werk und Zeit, Zeitschrift des Deutschen Werkbundes, Verlag Richard Scherpe, Krefeld
Wild und Hund, Verlag Paul Parey, Hamburg
Zeitschrift für angewandte Zoologie, Duncker und Humblot, Berlin 41
Zeitung für Kommunale Wirtschaft, Sigillum Verlag, München
Zentralblatt für allgemeine Pathologie und pathologische Anatomie, Gustav Fischer, Jena
Zentralblatt für Bakteriologie, Parasitenkunde, Infektionskrankheiten und Hygiene, Gustav Fischer, Stuttgart
Diese Aufstellung ist nicht als vollständige Aufzählung aller Organe und Institutionen und womöglich aller Äußerungen zu betrachten, die sich jemals – und in jüngster Zeit immer häufiger – mit diesem Problemkreis beschäftigten. Hier sei aber *allen* gedankt für jegliche Art der Vorarbeit und Mitarbeit zu diesem Buch – *allen*, die je ihre Stimme gegen den zunehmenden *Landschaftsverbrauch* erhoben haben. H. M.

Fotos: Beatefoto Mattern, Berlin; L. Cloos, Frankfurt a. M.; Cramers Kunstanstalt, Dortmund; Dieter Enke, Berlin; Studio Köves, Marl/Westf.; Weigel, Berlin.

Erklärung der Fachausdrücke

A
aerodynamisch   luftbewegend
aerothermisch   lufterwärmend
agrarstrukturell   landwirtschaftlich
Alluvialboden   Schwemmboden
arid   wasserlos, wüstenartig
Aushagerung   s. u. Erosion
autochthon   standortecht

B
Bakterie   einzelliges Kleinstlebewesen
Ballungsräume   zusammengewachsene Großstädte und Industriegebiete
balneologisch   bäderwissenschaftlich
basischer Boden   kieselsäurearm, alkalische, laugenhafte Reaktion
Bazillus   sporenbildender Spaltpilz und Krankheitserreger
bestocken, sich   aus dem Wurzelstock (Stumpf) austreiben
biologisch-dynamische Wirtschaftsweise   Das Bewirtschaften von Land auf natürlicher Grundlage ohne Zuhilfenahme künstlicher (chemischer) Dünger

C
Caisson   eiserner Kasten, Behälter
Cerviden   Wild

D
Detergentien   schäumende Netzmittel
devastieren   zerstören, verwüsten

Dezentralisation	hier: Verlegung der (wirtschaftlichen) Schwerpunkte nach draußen, Auseinanderziehen
Dogcart	zweirädriger Einspänner
Dolen	Rohrleitungen
domestiziert	dienstbar gemacht, planmäßig gezüchtet
Dränage	Entwässerung (des Bodens)

E

Emission	das Aussenden (z. B. von chemischen Stauben)
Erosion	das Abtragen der Erdoberfläche durch Waser, Wind, Eis
extensiv wirtschaften	auf breiter Fläche verhältnismäßig wenig produzieren

F

Fäkalien	Ausscheidungen des menschlichen Körpers (Kot)
Fauna	Tierwelt
Ferment	organischer, den Stoffwechsel oder die Gärung beeinflussender Zusatz
Flora	Pflanzenwelt
Fräsen	hier: mechanisches Auflockern des Bodens
Fraktionsgrad	Grad der Korngröße (z. B. von Schwebeteilen in der Luft)

H

Harpune	an langer Leine befestigter Wurfspeer mit Widerhaken
heterogen	ungleichartig
hydropologisch	im Hinblick auf die Wasserverhältnisse
Hydroponik	erdlose Wasserkultur

I

intensiv wirtschaften	auf kleiner Fläche relativ viel Produkte erzeugen
Inversionsschicht	Austauschschicht

K

kapillar	haarfein
klimatologisch	im Hinblick auf das Klima

Kohlehydrat	aus Kohlenstoff, Sauerstoff und Wasserstoff zusammengesetzte organische Verbindung (z. B. Stärke, Zucker, Zellulose)
Kompost	Dünger aus pflanzlichen (auch tierischen) Grundbestandteilen
Kondensationskerne	feinste Teilchen, in der Meteorologie z. b. Staubkörnchen, an denen sich der Wasserdampf verdichtet (Nebel- oder Wolkenbildung)
Konglomerat	ein Gemenge aus vielerlei Einzelbestandteilen, das durch Verkittung zu einem neuen Stoff geworden ist
Korrosion	Zerstörung durch chemische Einflüsse
Kulturtechnik	Pflege der Böden (Landschaften) mit technisch-wissenschaftlichen Methoden

L
Laktation	Milchabsonderung
Leguminosen	Hülsenfrüchte (Erbse, Bohne, Wicke, Soja usw.)
Limnologe	Sachkundiger für stehende Gewässer

M
Macchia	immergrüner, struppiger, hartlaubiger Buschwald der Mittelmeergebiete
Manometer	Druckmesser
maritimes Klima	vom Meer beeinflußtes (feuchtes) Klima
Melioration	Bodenverbesserung
Mikroorganismen	winzig kleine, nur mit dem Mikroskop (Vergrößerungslinse) erkennbare tierische und pflanzliche Lebewesen
mineralischer Dünger	anorganische Pflanzennährstoffe ohne Mikroorganismen
Monokultur	einseitiger Anbau bestimmter Pflanzen
Mutterboden	Oberboden, der seiner Beschaffenheit und seinem Nährstoffgehalt entsprechend in der Lage ist, Pflanzenwuchs zu tragen

O
ökologisch	die Umwelt der Organismen betreffend
Orterde	abgebauter, nährstoffloser Boden

P
Phaeophyll	Farbstoff der Braunalgen

Phenol	Karbolsäure, aus Steinkohlenteer gewonnene Verbindung
Phosphate	Salze der Phosphorsäure
Pionierpflanzen	wegbereitende, anspruchslose Pflanzen
Plankton	Gesamtheit der im Wasser schwebenden einzelligen Lebewesen
Protein	Eiweiß, aufgebaut lediglich aus Aminosäuren
Protoplasma-Gallerte	eine die Lebenssubstanz tragende, bzw. in sich einschließende Masse

R

Radioaktivität	Eigenschaft der Atomkerne, sich selbsttätig umzuwandeln und dabei Elementarteilchen auszusenden
Ruderalpflanzen	Pflanzen, die auf Abfällen und Schutt gedeihen

S

Sediment	Bodensatz
Spurenelemente	anorganische chemische Grundstoffe, die in geringsten Mengen lebensnotwendig sind
Stratosphäre	Luftschicht von 12 bis 80 km über der Erde
Struktationen	Oberflächengliederungen
Sukkulenten	safthaltende Pflanzen

T

toxisch	giftig
Traverse	Querverbindung, im besonderen: Talüberquerung
Troposphäre	Luftschicht von der Erdoberfläche bis zur Höhe von 12 km

V

Viren	Eiweißmoleküle in einer Grenzregion zwischen Materie und Leben. Gefährliche Krankheitserreger
Vitamin	lebenswichtiger Wirkstoff, Kunstwort aus vita = Leben, amin = Ammoniakverbindung

W

Wurzelrhizome	Wurzelausläufer

Z

Zellulose	Hauptbestandteil der pflanzlichen Zellwände, der zur Papierherstellung gebraucht wird
Zyklon	Wirbelsturm

Register

Abfallverwertung 102
Abwässer, verseuchte 50
Abwanderung in die Städte 21
Ägypten 43, 154
Afrika 17, 35, 60, 66, 71
Alexanders d. Gr. Eroberungszüge 66
Algenbekämpfung 53
Alluvialböden 41
Almwirtschaft 72
Amerika 34, 60
Anbauversuche 98
aride Gebiete 78
Assuan-Staudamm 154
Atomstaub 89
Aufforstungsversuche 33
Auspuffgase 151
Aussiedlung 71
Auto, Platzbedarf 60
Autobahn, technischer Mittelstreifen 93
Babylon 41
Baggerseen 59
Bergabbau 123
Berliner Grunewald 28
Beute 108
Bodenfruchtbarkeit 161
Bodenspekulation 116, 157, 168
Brasilien 35
Brauchwasser 129

China 34
Detergentien 130, 148
Deutschland, Ackerland 23
–, Flächenverlust 15
–, Landverbrauch 56
–, Waldverlust 35
Dezentralisation der Industrie 107
Düngerwirtschaft 101
Düngung 69, 99
England 89, 93, 120
Erholungswirtschaft 164
Ernährungswünsche 96
Erziehung zum Landschaftsbewußtsein 115
Erosion 18
Ertragsverluste durch Starkregenfälle 142
Feldmarken, lebende 23
Femel-System 30
Fische 52, 135
Flurbereinigung 23, 24, 164
Französische Revolution 33, 77
Fremdenverkehr 164
Garben 84
Gartenbau 38, 161
Gartenstädte 65
Gesetze 21, 169
Gesundheit 15
Getreidearten 83

Golfplätze 93
Gras 81
Grasflächenbewirtschaftung 89
Griechenland 34, 71
Grünspielplätze 93
Grundgesetz 167
Grundstücksverkehrsgesetz 106
Grundwasser 127
Halden 122
Harz 31
Heusonsche Waldversuche 28
Hochseefischerei 111
Hoher Venn 33
Hoher Meißner 116, 117
Humus 7, 20, 102
Hygiene 13, 90, 104, 127
Imkerei 110
Indien 66
Industrie 122
Industrieplanung 36
Insektizide 77
Israel 34
Italien 33
Jagd 112
Kalifornien 43
Kaspisches Meer 34
Kläranlagen 137
Kleinasien 66, 71
Kleinklima 18
Klimaveränderungen 139
Kohlenbergbau 112
Kohlenmonoxyd 143
Kompost 102
Kosten für die Pflege einer Anlage 94
Kultivierung der Moore 120
Kulturlandschaft 21
Kulturtechnik 21
Land 20
Land als Ware 168
Landfläche der Erde 16

Landflucht und Landschaftsbild 88
Landnahme 17
Landschaft 10
Landschaften als Kunstwerke 160
landschaftliche Vorbilder 95
Landschaftsaufbau, biologischer 28
Landschaftsbild 24
Landschaftsschutz 26
Landschaftsverbrauch 161
Landschaftsverbrauch durch Beweidung 71
Landschaftsverbrauch durch die Fliegerei 63
Los Angeles 145
Lüneburger Heide 33
Luftverseuchung 39
Luftverunreinigung 145, 148, 151
Mähen mit der Sense 94
Main 50
meliorative Maßnahmen 21
menschlicher Maßstab 156
militärische Übungsplätze 63
Monokulturen 27, 117
Moselregulierung 50
Nadelwald 27
Naturlandschaften 115
Naturparke 114
Naturschutz 76
Naturschutzgesetz 114
Netzmittel 52, 130
Niederschlagswasser 129
Nutzholzbedarf in Europa 33
Öl verdirbt Wasser 131
organische Substanz im Boden 101
Ortsplanung 38
Papier 7
Pecherei 111
Planungen 116
Planungsregionen 24
Plentern 30

Quellwasser 129
radioaktive Substanzen 89, 132
Rasen 84, 90
Rationalisierung der Landwirtschaft 101
Reichssiedlungsgesetz 106
Reinhaltung des Wassers 126
Rhein 49
Saar 50
Saar-Pfalz-Rhein-Kanal 50
Seen 135
Smog-Alarm 151
Sommerfrischenlandschaften 112
Spanien 34
Spritzmittel 77
Süßwasser-Salzgehalt 106
Schaden durch Tiere 69
Schaum 52
Schädlingsvernichtung 119
Schlesien 46
Schulwälder 115
Schwarzwald 31
Schwefeldioxyd 39, 147, 149
Stadtregion 26
Stadt und Land 38, 107
Stadtwald 115
Staubfilteranlagen 145
Steuern 168
Stickstoffverluste (Beispiel Kaukasus) 142
Störche 76
Straßen 54
Straßenbau 62
Stroh 85
Strontium 89, 134

Technik 157
Torf 81, 119
toxische Gesamtsituation 161
Trinkwasser 52, 129
Trinkwasserversorgung 75
Übervölkerung 15
UNESCO 116
Unkrautvertilgung 91
Vegetationswissenschaften 167
Verbrauch der Wälder 7
Verdichtung der Altbaugebiete 36
Verkehrsprobleme 63
Verkehrstod des Wildes 77, 112
Vorstädte 71
Wald 27
Waldverlust 75
Wanderdünen 33
Waschmittel, chemische 50
Wasser 8
Wasseraufbereitung 135
Wasserarten 43
Wasserbauten 44
Wasserbedarf 106
Wasserbedarf der Industrie 123
Wasserverbrauch 47, 127
Weidetritt 68, 74
Wetter 139
Wiesen 81
Wild 75, 112
Wildbach-Meliorationen 46
Wildbestand 68
Wildwuchs 80
Windschutzpflanzungen 143
Ziergräser 95
Zuwachsrate der Weltbevölkerung 15

Ullstein Bauwelt Fundamente

1 Ulrich Conrads, Programme und Manifeste zur Architektur des 20. Jahrhunderts
180 Seiten, 27 Bilder, DM 10,80 / öS 80,— / sfrs. 12,80

2 Le Corbusier, Ausblick auf eine Architektur
216 Seiten, 231 Bilder, DM 10,80 / öS 80,— / sfrs. 12,80

3 Werner Hegemann, Das steinerne Berlin
Geschichte der größten Mietskasernenstadt der Welt
344 Seiten, 100 Bilder, DM 12,80 / öS 95,— / sfrs. 15,—

4 Jane Jacobs, Tod und Leben großer amerikanischer Städte
221 Seiten, 4 Bilder, DM 8,80 / öS 65,— / sfrs. 10,60

5 Sherman Paul, Louis H. Sullivan
Ein amerikanischer Architekt und Denker
164 Seiten, 26 Bilder, DM 9,80 / öS 72,50 / sfrs. 11,65

6 L. Hilberseimer, Entfaltung einer Planungsidee
140 Seiten, 121 Bilder, DM 10,80 / öS 80,— / sfrs. 12,80

7 H. L. C. Jaffé, De Stijl 1917—1931. Der niederländische Beitrag zur modernen Kunst
(In Vorbereitung)

8 Bruno Taut, Frühlicht — Eine Folge für die Verwirklichung des neuen Baugedankens
224 Seiten, 240 Bilder, DM 9,80 / öS 72,50 / sfrs. 11,65

9 Jürgen Pahl, Die Stadt im Aufbruch der perspektivischen Welt
Versuch über einen neuen Gestaltbegriff der Stadt
176 Seiten, 86 Bilder, DM 10,80 / öS 80,— / sfrs. 12,80

10 Adolf Behne, Der moderne Zweckbau
132 Seiten, 95 Bilder, DM 10,80 / öS 80,— / sfrs. 12,80

11 Julius Posener, Anfänge des Funktionalismus. Von Arts and Crafts zum Deutschen Werkbund
232 Seiten, 52 Bilder, DM 11,80 / öS 87,— / sfrs. 13,90

12 Le Corbusier, Feststellungen zu Architektur und Städtebau
248 Seiten, 230 Bilder, DM 14,80 / öS 109,50 / sfrs. 17,30

Ullstein Berlin Frankfurt/M Wien

Neues Bauen   gestern heute morgen

**jede Woche
kritisch betrachtet in der**

Bauwelt

Bei Fragen zur Produktsicherheit wenden Sie sich bitte an:
If you have any questions regarding product safety,
please contact:

Birkhäuser Verlag GmbH
Im Westfeld 8
4055 Basel, Schweiz
productsafety@degruyterbrill.com